INHALT WELCHE ORCHIDEE IST DAS?

↗ *SEITE 24*

(Malaienblume)
Phalaenopsis

- Blüten weiß, gelb, rosa, violett, einfarbig oder gefleckt und gestreift an einem langen, manchmal verzweigten Blütenstil
- Blätter oval und breit, links und rechts aus der Pflanzenmitte erscheinend

↗ *SEITE 40*

(Cambria)
Cambria

- Blüten weiß, rosa, violett, orange, rot, meist intensiv gefleckt und gemustert.
- Blätter länglich oval, dunkelgrün, zu mehreren an einer verdickten Basis (Pseudobulbe)

↗ *SEITE 56*

(Stiefmütterchenorchidee)
Miltoniopsis

- Blüten erinnern an Stiefmütterchen an einem langen dünnen Stil, der zwischen den Blättern an der Triebbasis erscheint
- Blätter in fächerförmigen Trieben

↗ *SEITE 68*

(Kahnlippe)
Cymbidium

- Blüten mit auffälliger Lippe, weiß, gelb, creme, rosa, violett oder bräunlich an langen, unverzweigten Blütenstielen.
- Blätter lang und schmal mit dicker Knolle (Pseudobulbe) an der Basis

| Basics | Phalaenopsis | Cambria | Miltoniopsis | Cymbidium | Cattleya | Dendrobium | Paphiopedilum | Vanda |

↗ SEITE 80

(Cattleye)
Cattleya

- Blüten weiß, rosa, violett, gelb, rot, mit häufig kontrastreicher Lippe; Blütenstiel erscheint an der Basis des Blatts aus einer Blattscheide.
- Triebe hintereinander an einem waagrechten Wurzelstock (Rhizom) mit länglichen Pseudobulben

↗ SEITE 96

(Dendrobie)
Dendrobium

- Blüten weiß, gelb, rosa, violett, einfarbig oder gefleckt und gestreift an einem langen, manchmal verzweigten Blütenstil
- Blätter oval und breit, links und rechts aus der Pflanzenmitte erscheinend

↗ SEITE 112

(Venus- oder Frauenschuh)
Paphiopedilum

- Blüten grün, violett, gelblich, braun oder rotbraun, mit typischer Schuhlippe
- Blätter in fächerförmigen Trieben, grün oder marmoriert
- keine Pseudobulben

↗ SEITE 128

(Vandee)
Vanda

- Blüten violettbau, orange, gelb, weiß an einem seitlichen Blütenstiel
- Blätter schmal, links und recht an einem langen Trieb
- Dicke weiße Wurzeln, oft ohne Topf frei hängend angeboten

INHALT WAS FINDE ICH WO?

Welche Orchidee ist das?	02

Basics
Grundausstattung	08
Töpfe	10
Substrate	12
Gießen und Düngen	14
Tauchen	16
Sprühen	18
Die Orchideenblüte	20
Wuchs und Wuchsformen	22

Phalaenopsis
Pflege	26
Probleme	28
Umtopfen	32
Teilen	34
Blütenbildung anregen	35
Empfehlenswerte Sorten	36

Cambria
Pflege	42
Probleme	44
Teilen und Umtopfen	46
Rückbulben bewurzeln	50
Vermehrung	50
Empfehlenswerte Sorten	52

Miltoniopsis
Pflege	58
Probleme	60
Umtopfen	62
Empfehlenswerte Sorten	64

Cymbidium
Pflege	70
Probleme	72
Umtopfen	74
Teilen und Vermehren	76
Empfehlenswerte Sorten	78

Cattleya
Pflege	82
Probleme	84
Umtopfen	86
Teilen	90
Empfehlenswerte Sorten	92

Dendrobium
Pflege	98
Probleme	100
Umtopfen	102
Umtopfen und Teilen	104
Vermehrung durch Kindel	106
Empfehlenswerte Sorten	108

Paphiopedilum & Phragmipedium
Pflege	114
Probleme	116
Umtopfen und Teilen	118
Empfehlenswerte Sorten	124

Vanda
Pflege	130
Probleme	131
Teilen	132
Empfehlenswerte Sorten	134

Glossar	136
Service	136
Register	140
Impressum/Akteure	144

KOSMOS SOFORTHELFER — SCHNELLE ANTWORTEN AUF EINEN BLICK

| Basics | Phalaenopsis | Cambria | Miltoniopsis | Cymbidium | Cattleya | Dendrobium | Paphiopedilum | Vanda |

BASICS

DIE 16 SCHNELLSTEN ANTWORTEN

ORCHIDEEN AUF DER FENSTERBANK _BASICS_

ORCHIDEEN HABEN DEN RUF, HEIKLE PFLEGLINGE AUF DER FENSTERBANK ZU SEIN. NATÜRLICH GIBT ES ARTEN, DIE NUR BEI BESTIMMTEN TEMPERATUREN UND LICHTVERHÄLTNISSEN SOWIE HOHER LUFTFEUCHTIGKEIT GEDEIHEN.

Orchideengärtner und -züchter haben aber aus robusten Arten im Laufe der Jahre Sorten gezüchtet, die optimal an die Bedingungen auf der Fensterbank angepasst sind und bei etwas Aufmerksamkeit und guter Pflege immer wieder zum Blühen kommen.

RICHTIG GIESSEN IST DER SCHLÜSSEL

Die meisten Orchideen gehen durch falsches Gießen ein. Sie lieben weiches, d.h. kalkarmes Wasser und die meisten Arten dürfen auch zwischen den Wassergaben einmal austrocknen – dicke, fleischige Blätter oder verdickte Triebe, so genannte Pseudobulben, speichern genug Feuchtigkeit für ein verlängertes Wochenende. Staunässe ist dagegen der Feind jeder Orchidee. Daher besser tauchen statt gießen, denn so entsteht keine Gefahr, dass Wasser im Übertopf oder Untersetzer stehen bleibt und fault.

FEUCHTE LUFT

Um die Luftfeuchtigkeit im (nicht nur) für Orchideen optimalen Bereich von 50–70 % zu halten, der auch für uns Menschen am angenehmsten ist, übersprühen Sie Ihre Orchideen regelmäßig mit einer Blumenspritze. Damit keine Kalkflecken auf den Blättern bleiben, nur entkalktes (abgekochtes) Wasser verwenden.

DÜNGEN FÜR ÜPPIGE BLÜTEN

Orchideen sind Überlebenskünstler und brauchen nicht viel Dünger. Nur mit Flüssigdünger düngen. Verwenden Sie am besten Orchideendünger oder Blütenpflanzendünger, dieser darf aber nur in der halben Dosierung verabreicht werden.

BASICS GRUNDAUSSTATTUNG ZUR PFLEGE

WAS
MUSS ICH BEACHTEN?

- Zur Pflege von Orchideen braucht man nicht mehr oder wenige wie für andere Zimmerpflanzen auch. Aber gibt es einige Gerätschaften, die die <u>Pflege erleichtern</u> und deren Anschaffung sich auf jeden Fall lohnt, wenn man nicht nur ein oder zwei, sondern mehrere Orchideen zu Hause pflegt.

WAS
BRAUCHE ICH?

- Sprühkanne oder Blumenspritze
- Gießkanne
- Blumen- oder Stecklingsschere
- Bambus- oder Holzstäbe zum Anbinden der Blütenstiele
- Kunststoff ummantelter Blumendraht zum Anbinden der Blütenstiele

WELCHE
GERÄTE SIND UNVERZICHTBAR?

Sprühkanne

- Eine <u>Sprühkanne</u> mit einbautem Druckkolben erleichtert das tägliche Be- und Übersprühen zur Erhöhung der Luftfeuchtigkeit enorm, da man nicht so viel Pumpen muss und beim Sprühen die Handgelenke und Handsehnen schont.
- Kaufen Sie keine <u>Billigprodukte</u>. Diese halten deutlich kürzer als Markengeräte.

Gießkanne

- Gießkannen für Orchideen (und alle anderen Zimmerpflanzen) sollten aus <u>Kunststoff</u> sein, da dieser keine Schadstoffe an das Gießwasser abgibt und von Flüssigdüngerlösungen nicht angegriffen wird. Metall eignet sich nur, wenn es lackiert ist. <u>Verzinkte Gießkannen sind nicht geeignet</u> für Zimmerpflanzen.

| Basics | Phalaenopsis | Cambria | Miltoniopsis | Cymbidium | Cattleya | Dendrobium | Paphiopedilum | Vanda |

KOSMOS
SOFORTHELFER

Viele Schädlinge und Krankheiten, die Orchideen befallen, werden durch Arbeitsgeräte und beim Hantieren von Pflanze zu Pflanze übertragen. Pilz- und Viruskrankheiten sowie bakterielle Infektionen werden leicht durch an Schneidgeräten anhaftenden Pflanzensaft weitergereicht. Desinfizieren Sie Scheren und Messer immer, bevor Sie eine neue Pflanze behandeln.

Kunststoffeimer

- Orchideen gedeihen besser, wenn man sie nicht nur gießt, sondern regelmäßig taucht. Dafür eignet sich ein großer Kunststoffeimer (5–10 Liter) am besten. Der Eimer soll so bemessen sein, dass die Pflanzen bis über die Substratoberfläche eingetaucht werden können.

Blumen- oder Stecklingsschere

- Zum Ausputzen welker Blütentriebe und zum Abschneiden eingetrockneter Blätter und Wurzeln beim Umtopfen eignet sich eine Blumenschere mit dünner Spitze am besten. Eine so genannte Stecklingsschere ist ideal, handlich, scharf und durch die Feder zwischen den Griffen angenehm in der Handhabung.

BASICS TÖPFE

WELCHE
TÖPFE SIND GEEIGNET?

- Für epiphytische Orchideen wie Phalaenopsis, Cambria, Miltoniopsis, Cattleya und Dendrobium sind durchsichtige Kunststofftöpfe am besten.
- Für terrestrisch wachsende Erdorchideen wie Cymbidium, Paphiopedilum und Phragmipedium sind dunkle Kunststofftöpfe ideal.
- Vandeen brauchen keinen Topf, sondern werden in Lattenkörbchen oder ganz frei hängend kultiviert.

WORAUF
MUSS ICH ACHTEN?

- **Ausreichend Abzugslöcher:** Mindestens sechs pro Topf, besser acht oder mehr.
- **Stabiler Stand:** Der Topfboden sollte nur wenig kleiner als die Topföffnung sein, sonst kippt die Pflanze leicht um.

WIE
WÄHLE ICH DEN BESTEN TOPF

Geeignet – viele Abzugslöcher

- Das Wasser soll und muss nach dem Gießen oder Tauchen schnell aus dem Topf abfließen können.
- Dies geht nur, wenn der Topfboden über viele Abzugslöcher zur Dränage verfügt.

Ungeeignet – wenig Abzugslöcher

- Ein Topf mit drei oder vier Abzugslöchern ist für normale Zimmerpflanzen geeignet ist, nicht aber für Orchideen. Schon eine dicke Wurzel kann ein Dränageloch beim Durchwachsen blockieren und es kommt zu Staunässe im Wurzelbereich.

| Basics | Phalaenopsis | Cambria | Miltoniopsis | Cymbidium | Cattleya | Dendrobium | Paphiopedilum | Vanda |

**KOSMOS
SOFORTHELFER**

Tontöpfe sind für Orchideen (außer als Übertopf) nicht geeignet, denn sie verdunsten Wasser und sorgen so für einen kühlen Wurzelballen, was keine Orchidee mag. Außerdem heften sich die Wurzeln innen an der Oberfläche so fest an, dass sie beim Um- und Austopfen fast alle abreißen oder so stark beschädigt werden, dass sie nach kurzer Zeit absterben.

Durchsichtig – für Epiphyten

- Phalaenopsis, Dendrobium und andere epiphytisch wachsende Orchideen fühlen sich in durchsichtigen Töpfen wohler (auch wenn sie in einem Übertopf stehen), da ihre Wurzeln Licht lieben und Photosynthese betreiben (können).
- Man kann den Zustand der Wurzeln und des Substrats leicht kontrollieren.

Lichtundurchlässig – für Erdorchideen

- Wurzeln, die in der Erde wachsen, mögen kein Licht. Deshalb werden Cymbidien und Venus- bzw. Frauenschuhe in undurchsichtige Kunststofftöpfe gepflanzt.
- Schwarze Töpfe nicht in die Sonne stellen, sie heizen sich sonst zu stark auf.
- Für Cymbidien gibt es spezielle, besonders tiefe Töpfe.

BASICS SUBSTRATE

WARUM
BRAUCHT MAN EIN „SUBSTRAT"?

- Orchideenwurzeln benötigen mehr Luft und Sauerstoff als die Wurzeln normaler Pflanzen, die in Erde wachsen.
- In normaler Blumenerde würden die Wurzeln schnell durch Sauerstoffmangel und Nässe faulen.
- Das Substrat dient weniger als Wasser- und Nährstoffspeicher, sondern gibt der Orchidee Halt und sorgt durch die großen Lücken zwischen den Substratbrocken für ausreichend Luft im Topf.
- Wasser und Nährstoffe werden durch Gießen zugefügt.

WORAUF
MUSS ICH ACHTEN?

- Gutes Orchideensubstrat riecht frisch und nicht muffig.
- Das Substrat muss strukturstabil sein, d. h. es soll mehrere Jahre nicht verrotten oder sich abbauen.
- An der Wurzel erkennt man das benötigte Substrat:
- dicke Wurzeln: grobes Subtrat
- feine Wurzeln: feines Substrat

WELCHES
IST DAS BESTE SUBSTRAT?

Pinienrinde
- Pinienrinde kommt meist aus Frankreich, Spanien oder Portugal und ist ein Abfallprodukt der Holzindustrie. Sie ist die ideale Substratbasis, denn sie zersetzt sich nur sehr langsam.

Fertigmischung
- Pinienrinde, Kokosfasern und Weißtorfbrocken sind die typischen Bestandteile von fertigen Orchidenerden. Durch den leider oft zu hohen Torfanteil verdichtet sich das Substrat zu schnell.

Sphagnum-Moos
- Dieses Torfmoos wird in Kanada und Neuseeland geerntet und ist ideal zur Bewurzelung von Jungpflanzen (Kindeln), Rückbulben oder Teilstücken mit wenigen Wurzeln.

| Basics | Phalaenopsis | Cambria | Miltoniopsis | Cymbidium | Cattleya | Dendrobium | Paphiopedilum | Vanda |

WIE
MISCHE ICH SELBST?

KOSMOS SOFORTHELFER

Blähton eignet sich bedingt als Zuschlagstoff fürs Substrat. Er hat den Nachteil, dass er den pH-Wert des Substrats erhöht und manche Nährstoffe dadurch nicht mehr verfügbar sind. Eine reine Hydrokultur in Blähton oder Tongranulat ist für Orchideen nicht geeignet, denn die Wurzeln wachsen nicht im Wasser. Daher ist es besser, sie in klassischen Rindensubstraten zu kultivieren.

Eigene Mischung
- Besonders für Erdorchideen wie Cymbiden oder Venusschuhorchideen lohnt es, sich das Substrat selbst zu mischen. Als Ausgangsmaterial dient eine grobe Mischung einer fertigen Orchideenerde (links), feine Pinienrinde (vorne) und ungedüngte Aussaat- oder Jungpflanzenerde (hinten).

- Vermischen Sie die einzelnen Bestandteile mit den Händen gut. Für Cymbidien kann sie etwas feiner sein, für große Frauenschuhe darf sie durchaus auch gröbere Substratbrocken enthalten.

BASICS GIESSEN UND DÜNGEN

WELCHES
WASSER IST DAS BESTE?

- Das beste Gießwasser ist weich, also kalkarm. Fragen Sie bei Ihrem Wasserwerk nach der Härte des Leitungswassers.
- Ideal ist ein Härtegrad bis 10°dH (Grad deutsche Härte), das entspricht einem Härtegrad von maximal 2).
- Ist das Wasser härter, muss es entkalkt werden, z. B. durch Entkalkerpatronen oder -filter, durch Abkochen oder die Zugabe von einem Esslöffel Essig oder Zitronensäure pro Liter Gießwasser.

WORAUF
MUSS ICH BEIM DÜNGEN ACHTEN?

- Die Zugabe von Dünger, egal in welcher Form, führt zu einer Erhöhung der Wasserhärte bzw. des Salzgehalts des Gießwassers. Deshalb darf bei härterem Leitungswasser nicht so viel Dünger gegeben werden.
- Orchideen sind Überlebenskünstler und in der Lage, ein geringes Nährsalzangebot aufzunehmen. Sie reagieren empfindlich auf zu viel Dünger.

WIE
GIESSE ICH RICHTIG?

Gießen

- Orchideen können wie normale Zimmerpflanzen auf die Substratoberfläche gegossen werden. Da sie aber in einem lockeren, durchlässigen Substrat wachsen, das kaum Feuchtigkeit speichert, fließt das Wasser schnell durch den Wurzel- bzw. Topfballen und gelangt beim normalen Gießen nicht an alle Wurzeln.

Tauchen

- Damit alle Wurzeln gleichmäßig feucht werden und sich das Substrat richtig mit Wasser vollsaugen kann, ist es besser, Orchideen regelmäßig zu tauchen statt zu gießen. Besonders beim Düngen vermeidet man so die schädliche Anreicherung von überschüssigen Nährsalzen im Topfsubstrat und an den Wurzeln.

| Basics | Phalaenopsis | Cambria | Miltoniopsis | Cymbidium | Cattleya | Dendrobium | Paphiopedilum | Vanda |

WIE
DÜNGE ICH RICHTIG?

KOSMOS SOFORTHELFER

Hochwertige Pflanzendünger sind deshalb teurer, weil die Nährsalze nur in den pflanzenverwertbaren Formen enthalten und keine (billigen) chloridhaltigen Verbindungen. So liegt z. B. Stickstoff in Form von Ammoniumnitrat und nicht als Ammoniumchlorid, Kalium als Kaliumnitrat und nicht als Kaliumchlorid vor. Sie sind daher viel pflanzenverträglicher und wurzelschonender.

Düngerlösung ansetzen
- Verwenden Sie für Orchideen nur hochwertige Dünger. Dabei ist es egal, ob Sie die Düngerlösung wie oben links mit einem kristallinen oder wie oben rechts mit Flüssigdünger ansetzen. Halten Sie sich genau an die Dosierungsanleitung des Herstellers.

Flüssigdünger
- Orchideen reagieren sehr empfindlich auf zu viel Dünger. Die Wurzeln verbrennen regelrecht und sterben ab. Dosieren Sie daher nie großzügig, die Hälfte oder ein Viertel der Konzentration wie bei normalen Zimmerpflanzen reicht aus.
- Haben Sie sich vertan und zu viel gedüngt, spülen Sie den Wurzelballen unter der Dusche mit einem lauwarmen Strahl mindestens 5 Minuten durch.

BASICS **TAUCHEN**

WARUM
IST TAUCHEN BESSER?

- Das Wasser gelangt gleichmäßig an alle Orchideenwurzeln.
- Eine Anreicherung von Kalk und überschüssigen Nährsalzen im Subtrat ist praktisch unmöglich, denn sie werden bei jedem Tauchgang ausgespült.
- Das Substrat kann sich mit Wasser vollsaugen und gibt die Feuchtigkeit über einen längeren Zeitraum an die Wurzeln ab.
- Es bleibt kein Wasser im Untersetzer oder Übertopf stehen, das zu Staunässe oder Fäulnis führt.

WORAUF
MUSS ICH ACHTEN?

- Halten Sie die Pflanze gut fest, damit sie beim Tauchen nicht aus dem Topf gedrückt wird.
- Pflanzen mit erkennbaren Schäden oder Krankheitsanzeichen sollten ganz zum Schluss getaucht werden, damit sich die Krankheiten oder Schädlinge nicht weiter ausbreiten.
- Das Tauchwasser kann zum Gießen der anderen Zimmerpflanzen verwendet werden.

WIE
GEHT DAS AM BESTEN?

Eintauchen

- Mit beiden Händen hält man den Topf fest und fixiert die Pflanze mit dem Daumen.
- Dann wird die Orchideen bis zum Topfrand ins Wasser getaucht.

Einweichen

- Drücken Sie die Orchidee so lange unter Wasser, bis keine Luftblasen mehr aufsteigen.
- Ins Herz der Pflanze, wo die Blätter erscheinen, sollte kein Wasser gelangen.

| Basics | Phalaenopsis | Cambria | Miltoniopsis | Cymbidium | Cattleya | Dendrobium | Paphiopedilum | Vanda |

KOSMOS SOFORTHELFER

Das Tauchen hat nicht nur den Vorteil, dass Wurzeln und Substrat gleichmäßig durchfeuchtet werden, sondern gewährleistet auch einen kompletten Luftaustausch im Topf. Beim Gießen fließt das Wasser einfach durch das Substrat hindurch, beim Tauchen wird die Luft komplett verdrängt und frische Luft strömt beim Ablaufen zwischen die sauerstoffliebenden Orchideenwurzeln.

Herausnehmen

- Wenn sich die Wurzeln von Weiß nach Grün gefärbt haben, sich also mit Feuchtigkeit vollgesogen haben, wird die Pflanze aus dem Wasser genommen.

Abtropfen

- Lassen sie das Gießwasser oder die Düngelösung komplett aus dem Topf herauslaufen, bevor Sie die Orchidee wieder in den Übertopf oder Untersetzer stellen.
- Wiederholen Sie den Tauchvorgang zwei- oder drei mal, um wirklich alle Wurzeln und Subtratbereiche zu durchfeuchten.
- Trockene Pflanzen können auch zwei Stunden im Wasser stehen bleiben

BASICS SPRÜHEN

WARUM
SOLLTE MAN SPRÜHEN?

- Zur Erhöhung der Luftfeuchtigkeit
- Um Staub von den Blättern zu spülen
- Zur Schädlingsprophylaxe Spinnmilben treten z. B. nur dann auf, wenn die Luft warm und trocken ist. Bei feuchter Luft, bzw. hoher relativer Luftfeuchtigkeit siedeln sie sich nicht an.
- Die optimale Luftfeuchtigkeit liegt bei 50 – 70 % rel. Luftfeuchtigkeit.
- Gesprüht wird am besten vormittags oder am späten nachmittag.

WAS
BRAUCHE ICH?

- Sprühkanne oder
- Blumenspritze
- Entkalktes Wasser oder
- Regenwasser
- Küchenpapier oder Papiertaschentuch zum Aufnehmen von überschüssigem Wasser aus dem Herz der Pflanze.

WIE
GEHT DAS AM BESTEN?

Der richtige Abstand

- Halten Sie die Sprühkanne so weit bzw. nah an die Pflanze, dass der feine Sprühnebel überall zwischen die Blätter gelangt.

Die richtige Menge

- Die Blätter dürfen ruhig tropfnass werden. So wird Staub, der sich auf den Blättern ansammelt, abgespült.

| Basics | Phalaenopsis | Cambria | Miltoniopsis | Cymbidium | Cattleya | Dendrobium | Paphiopedilum | Vanda |

KOSMOS SOFORTHELFER

Eine besondere Wohltat für Ihre Orchideen ist es, wenn Sie sie mit destilliertem Wasser (gibt es in der Drogerie oder an der Tankstelle), dem Sie etwas Blattdünger (ein Zehntel bis maximal die Hälfte der auf der Packung angegebenen Konzentration) beigemischt haben, besprühen.

Der richtige Abstand

- Spritzwasser, das zwischen den Blättern stehen bleibt, kann zu Fäulnis führen.
- Gefährdet sind besonders junge, noch weiche Blätter.
- Besonders bei Phalaenopis besteht die Gefahr, dass nicht nur das Blatt, sondern das Wachstumszentrum Schaden nimmt und die Pflanze dann komplett abstirbt.

Wasser aufnehmen

- Falten Sie ein Papiertaschentuch oder Küchenkrepppapier spitz zu und stecken Sie es vorsichtig zwischen die Blätter, um überschüssiges Wasser aufzusagen.
- So besteht keine Gefahr, dass es zu Fäulnis kommt.

DIE ORCHIDEENBLÜTE
BASICS

WODURCH
UNTERSCHEIDEN SICH DIE BLÜTEN?

- Orchideen haben einige Merkmale entwickelt, die sie von allen anderen Pflanzen unterscheiden.
- Die Blüten haben drei äußere (Petalen) und drei innere Blütenblätter (Sepalen), von denen eines zu einer Lippe umgebildet. Ihm steht die Säule (s.u.) gegenüber.
- Staubblätter und Griffel sind zur so genannten Säule (Gymnogenium) verwachsen.
- Die Pollen sind nicht einzeln und staubförmig, sondern zu Pollenpaketen, den Pollinien, zusammengepackt.
- Die Samen sind staubfein und haben kein eigenes Nährgewebe. Sie keimen nur in Symbiose mit bestimmten Pilzen oder im Labor auf sterilem Nährboden.
- Fast alle Orchideen drehen ihre Knospen vor dem Öffnen um 180°, sodass das obere Blütenblatt (Sepalum), das die Lippe bildet, nach unten steht. Sie dient den Bestäubern (Insekten, Vögel, Fledermäuse) als Landeplatz.
- Weiß, Rosa, Violett, Rot, Gelb und Orange sowie alle Zwischentöne sind die Blütenfarben. Reines Blau kommt nur selten vor.

WAS
IST DAS BESONDERE?

Cattleya
- Bei Cattleyen ist die Lippe besonders prächtig ausgebildet und meist dunkler als der Rest der Blüte.
- Viele Arten haben einen betörenden Duft.

Phalaenopsis
- Sie haben eine auffällige Säule in der Blütenmitte.
- Die Lippe ist dreigeteilt und eher klein, hat dafür aber oft zwei lange, gedrehte, fädige Anhängsel an der Spitze des Mittellappens.

| Basics | Phalaenopsis | Cambria | Miltoniopsis | Cymbidium | Cattleya | Dendrobium | Paphiopedilum | Vanda |

KOSMOS
SOFORTHELFER

Die Vanille ist die einzige Orchidee, deren Früchte und Samen kommerziell genutzt werden. Die aromatischen, kleinen schwarzen Vanillekörnchen sind nichts anderes, als fermentierte Samen und die Vanilleschote ist die Fruchtkapsel der Vanille-Orchideen. Die beste Qualität, die Bourbon-Vanille kommt von der Insel Réunion, die früher Bourbon hieß.

Miltoniopsis
- Bei Stiefmütterchenorchideen ist die Lippe das größte Blütenorgan, die übrigen Blütenblätter sind gegen sie klein und fast unscheinbar.

Paphiopedlium und Phragmipedium
- Bei Venus- und Frauenschuhen ist die Lippe zu einem raffinierten Schuh umgebildet, der als Insektenfalle bei der Bestäubung dient. Insekten landen in der Blütenmitte, rutschen an den glatten Innenwänden des Schuhs ab und müssen beim Hinausklettern an den Pollinien und am Stempel vorbei und bestäuben so die Blüte.

BASICS WUCHS UND WUCHSFORMEN

WO
WACHSEN ORCHIDEEN?

- Orchideen wachsen in der Natur in der Erde, oder auf anderen Pflanzen oder Steinen.
- Terrestische Orchideen wachsen in der Erde (lateinisch: terra = Erde) oder auf dem Boden in einer lockeren Humusschicht.
- Epiphytische Orchideen wachsen auf Bäumen oder anderen Pflanzen (griechisch: epi = auf, phythos = Pflanze). Sie sind keine Schmarotzer, sondern halten sich nur mit den Wurzeln auf der Rinde von Stämmen, Ästen oder Zweigen fest, um im dichten Tropenwald in höhere Etagen näher ans Sonnenlicht zu kommen. Die Feuchtigkeit erhalten Sie aus Nebel und Regen, Nährstoffe aus dem Staub in der Luft und aus Tierkot und herabfallendem Humus. Trockenzeiten können sie überstehen, da sie in dicken, sukkulenten Blättern und verdickten Sprossteilen, den Pseudobulben (griechisch: pseudo = falsch, lateinisch: bulbus = Zwiebel) Wasser speichern.
- Lithophytische Orchideen wachsen auf Steinen, Felsen oder im Geröll (griechisch epi = auf, lithos = Stein).

WIE
WACHSEN ORCHIDEE?

Monopodial

- Monopodial wachsende Orchideen haben eine an der Spitze weiterwachsende, einheitliche Sprossachse, an der links und rechts die Blätter erscheinen.
- Als Speicherorgane dienen die dicken Wurzeln und die sukulenten Blätter.
- Typische Vertreter sind Phalaenopsis, Doritis, Vanda und Ascocentrum.

Sympodial mit Pseudobulben

- Sympodial wachsende Orchideen bilden aus einer Sproßachse nacheinander einzelne Triebe hervor.
- Als Speicherorgane dienen kugelige, eiförmige oder mehrgliedrige Pseudobulben und z. T. dicke Wurzeln.
- Typische Vertreter sind Cattleyen, Cambria, Cymbidium und Dendrobium.

| Basics | Phalaenopsis | Cambria | Miltoniopsis | Cymbidium | Cattleya | Dendrobium | Paphiopedilum | Vanda |

Sympodial ohne Pseudobulben

- Diese Orchideen bilden an der Sproßachse jedes Jahr neue Triebe aus, aber keine Speicherorgane.
- Die Blätter sind stattdessen fächerförmig angeordnet.
- Typische Vertreter sind die Frauen- und Venusschuhe der Gattungen Paphiopedilum und Phragmipedium.

Wurzeln

- Orchideenwurzeln entspringen direkt dem Sproß. Sie bilden keine feinen Haarwurzeln wie andere Pflanzen aus. Die dicken Wurzeln sind von einer Hülle, dem Velamen umgeben, das sie auf der Unterlage festhält sowie zur Aufnahme von Wasser- und Nährstoffen dient.
- Bei epiphytischen Orchideen enthalten die Wurzeln auch Chlorophyll und betreiben Fotosynthese.

PHALAENOPSIS

DIE 14 SCHNELLSTEN ANTWORTEN

DER KLASSIKER UNTER DEN ORCHIDEEN

SCHMETTERLINGSORCHIDEE, MALAIENBLUME ODER NACHTFALTERORCHIDEE SIND DIE UMGANGSSPRACHLICHEN NAMEN DIESER BEKANNTESTEN ALLER ORCHIDEENARTEN. SIE IST DIE ORCHIDEE SCHLECHTHIN FÜR DIE FENSTERBANK, BLÜHT FAST DAS GANZE JAHR OHNE UNTERBRECHUNG UND ERFÜLLT MIT IHRER FARBEN- UND FORMENVIELFALT FAST JEDEN GESCHMACK.

HERKUNFT

In der Natur kommen die etwa 60 Vertreter der Gattung Phalaenopsis im tropischen Asien bis nach Neuguinea und Nordaustralien vor. Sie wachsen epiphytisch, d.h. auf der Rinde von Ästen und Baumstämmen. Da in ihrer Heimat ganzjährig gleichmäßige Temperaturen und keine ausgeprägten Trockenzeiten herrschen, wachsen und blühen diese Orchideen zu fast jeder Jahreszeit.

PHALAENOPSIS AUF DER FENSTERBANK

Phalaenopsis kommen mit den normalen Wohnzimmerbedingungen sehr gut zurecht. Ein West- oder Ostfenster ist ideal, reine Südlagen sind zu hell und an den dunklen Blätter kann es zu Sonnenbrand kommen. Ein Nordfenster ist durchaus auch möglich, nur fällt dann die Blüte nicht so üppig aus. Phalaenopsis werden ohne Ruhepause gepflegt, je wärmer die Zimmertemperatur, desto häufiger muss gegossen werden. Im Sommer einmal pro Woche tauchen, dabei jedes zweite Mal düngen. Im Winter nur alle zwei bis drei Wochen tauchen und nur alle vier Wochen düngen.

BESONDERHEITEN

Phalaenopsis-Orchideen wachsen monopodial, d.h. die Blätter erscheinen abwechselnd nach links oder rechts aus einer kurzen Sprossachse. Die Blütenstände erheben sich seitlich. Nur sehr selten bilden sie Seitentriebe mit Blättern, daher darf im Herz der Pflanze kein Wasser stehen bleiben – fault dieses, stirbt die Pflanze ab.

PHALAENOPSIS **PFLEGE**

WELCHE
ANSPRÜCHE HAT PHALAENOPSIS?

- Temperatur 18–25 °C Luftfeuchtigkeit 50–70 %
- Lockere Orchideenerde aus Rinde, Kokos und Torfbrocken
- Im Sommer wöchentlich gießen oder tauchen.
- Im Winter alle zwei Wochen gießen oder tauchen.
- Im Sommer alle zwei Wochen düngen, im Winter alle vier Wochen.

WORAUF
MUSS ICH ACHTEN?

- Ins Herz der Pflanze darf kein Wasser gelangen, sonst fault sie.
- Phalaenopsis braucht keine Ruhezeit.
- Nicht in die Sonne oder ans Südfenster stellen: Sonnenbrandgefahr.
- Die Knospen fallen ab, wenn die Pflanze Zugluft bekommt.

WANN
MUSS ICH GIESSEN?

Wurzelcheck

- Sind die Wurzeln grün, sind sie noch feucht; es muss noch nicht gegossen werden.
- Vor dem Düngen müssen die Wurzeln angefeuchtet werden, damit sie durch die Nährsalze nicht verbrennen.

- Trockene Wurzeln sind grau oder weißlich. Das liegt an einer Schuppenhaut, dem so genannten Velamen, das bei Feuchtigkeit durchsichtig wird und den grünen Zellfarbstoff Chlorophyll durchscheinen lässt (sofern die Wurzeln im durchsichtigen Topf wachsen).

| Basics | Phalaenopsis | Cambria | Miltoniopsis | Cymbidium | Cattleya | Dendrobium | Paphiopedilum | Vanda |

KOSMOS
SOFORTHELFER

Wenn Ihre neue Orchidee locker im Topf sitzt, diese mit einem Stab stützen und möglichst nicht umstellen, damit sie sich wieder fest einwurzeln kann. Wenn die Pflanze beim Gießen oder Hantieren ständig hin- und herwackelt, stoßen sich die zarten, empfindlichen Wurzelspitzen an Rindenbrocken im Substrat und brechen ab. Die Wurzel wächst dann nicht weiter und bleibt zu kurz.

Abgetrocknete Blütenstängel

- Trockene Blütenstiele sollten <u>ganz</u> <u>abgeschnitten</u> werden, denn sie blühen nicht mehr und sehen unattraktiv aus. Auch abgetrocknete Blätter kann man abziehen, sodass nur, wie hier, die gelbe Blattbasis stehen bleibt.

Schädlingskontrolle

- Wenn Sie eine <u>neue Orchidee</u> bekommen haben, <u>untersuchten Sie die Blätter auf Schädlinge</u> (besonders Schild- und Wollläuse), die sich entlang der Mittelrippe oder in den Blattachseln verstecken. Bei Befall nicht zu den vorhandenen Pflanzen stellen. Mit einem <u>systemischen Spritzmittel</u> (im Gartencenter nach Beratung erhältlich) spritzen.

PHALAENOPSIS **PROBLEME**

WELCHE
SCHÄDEN SIND AM HÄUFIGSTEN?

- Sonnenbrand durch zu viel Licht
- Gelbe Blätter durch Trockenheit
- Knospenfall durch trockene Luft oder Zugluft
- Verbrannte Knospen und Stiele bei dunkelfarbigen Sorten

WAS
KANN ICH DAGEGEN TUN?

Sonnenbrand

- Eine Stunde auf dem Balkontisch in der Sonne reichen aus, damit sich die Blätter so stark erwärmen und das Gewebe Schaden nimmt.
- Sofort an ein schattigeres Fenster stellen. Der Schaden ist irreversibel, es kommen aber neue Blätter nach.

Gelbe Blätter

- Zu wenig Wasser oder nur von oben Gießen lässt die Wurzeln austrocknen. Die Pflanze versucht durch Aktivierung der Reserven in den ältesten Blättern zu überleben. Diese werden gelb und sterben ab. Vorsichtig die gelben Blätter abziehen und in Zukunft besser tauchen als gießen.

WIE
VERHINDERE ICH DAS?

- Nicht ans Südfenster stellen.
- Nicht auf der Fensterbank stehen lassen, wenn gelüftet wird.
- Im Winter Luftbefeuchter aufstellen.
- Pflanzen regelmäßig gießen.

| Basics | Phalaenopsis | Cambria | Miltoniopsis | Cymbidium | Cattleya | Dendrobium | Paphiopedilum | Vanda |

Sonnenbrand durch Sichtschutzglas

- Die Wölbungen im Badezimmerfensterglas wirken wie Brenngläser und haben auf dem Blatt helle Brandflecken hinterlassen. Irreversibel, es wachsen aber neue Blätter nach.
- Da der Rest bes Blattes noch grün ist und für die Pflanze eine Reserve darstellt, sollte es nicht entfernt werden.

Verbrannte Blütenstände

- Phalaenopsis mit dunklen Blüten, besonders die neueren, fast schwarzvioletten Sorten reagieren sehr empfindlich auf direkte Sonne.
- Die Blüten und der gesamte Stängel sowie die Spitze des jüngsten Blattes haben sich so stark erwärmt, dass sie abgestorben sind. Abhilfe: Abschneiden und auf die nächste Blüte hoffen.

PHALAENOPSIS **PROBLEME**

WELCHE
PROBLEME TRETEN NOCH AUF?

- Pilzbefall an den Blättern
- Schnecken
- Verbrannte Wurzeln durch zu hartes Wasser oder zu viel Dünger
- Kalkflecken durch hartes Sprühwasser

WAS
KANN ICH DAGEGEN TUN?

Pilzbefall

- Schwarze bis braune, z. T. wässrige Flecken mit gelbem Rand.
- Mit sauberem Messer ausschneiden und vier Wochen nicht besprühen.
- Bei starkem Befall das ganze Blatt entfernen. Messer oder Schere desinfizieren.

Schnecken

- Meist als Mitbringsel aus der Gärtnerei.
- Verstecken sich im Substrat und fressen an den Wurzeln, Blättern und Blütentrieben, dort Fraßspuren.
- Absammeln und vernichten.

WIE
VERHINDERE ICH DAS?

- Blätter müssen nach dem Sprühen schnell abtrocknen.
- Regelmäßig kontrollieren.
- Gießwasser abkochen oder entkalken.
- Dünger genau nach Vorschrift dosieren.
- Nur mit entkalktem Wasser sprühen.

| Basics | Phalaenopsis | Cambria | Miltoniopsis | Cymbidium | Cattleya | Dendrobium | Paphiopedilum | Vanda |

KOSMOS
SOFORTHELFER
Hat man sich beim Düngen vertan und zu viel Dünger gegeben, die Orchidee sofort in der Dusche gründlich durchspülen, damit die überschüssigen Nährsalze ausgewaschen werden. Danach zwei Wochen Düngepause einlegen, bevor man wieder neue Nährstoffe zuführt. Im Winter wartet man besser sogar vier Wochen.

Verbrannte Wurzeln
- Bei zu hartem Wasser oder zu <u>hoch dosiertem Dünger</u> lagern sich Magnesium- und Kalziumkarbonat bzw. Nährsalze an den Wurzeln ab und lassen diese absterben.
- <u>Tote Wurzeln abschneiden</u>. Düngen für ein bis zwei Monate einstellen und nur mit weichem Wasser gießen.

Kalkflecken
- Durch <u>Sprühen mit Leitungswasser</u> bleiben unschöne Kalkflecken auf den Blättern.
- Mit einem <u>weichen Tuch</u> und <u>Wasser</u>, dem Sie einen Esslöffel <u>Essig</u> pro Liter zugefügt haben, lassen sie sich abwischen.

PHALAENOPSIS UMTOPFEN

WANN
WIRD UMGETOPFT?

- Wenn die Pflanze aus dem Topf herausgewachsen ist.
- Nach der Blüte, sobald die letzten welken Blüten abgefallen sind.
- Am besten im April/Mai

WAS
BRAUCHE ICH?

- Einen neuen Plastiktopf, genauso groß oder 2 cm größer als der alte
- Frisches Substrat mit grober Rinde und dicken Torf- oder Kokosbrocken
- Evtl. saubere Schere zum Abschneiden toter Wurzeln

WIE
GEHT DAS AM BESTEN?

Höchste Zeit zum Umtopfen

- Wenn die Orchidee buchstäblich aus dem Topf klettert und die neuen Wurzeln nicht ins Substrat, sondern über den Topfrand hinaus wachsen, wird umgetopft.
- Auch wenn das Substrat matschig und muffig geworden ist, muss umgetopft werden.

- Vorsichtig die Orchidee aus dem alten Topf ziehen. Wenn Wurzeln durch die Abzugslöcher gewachsen sind, kann man diese vorher abschneiden.
- Das alte Substrat mit den Fingern zwischen den Wurzeln entfernen.
- Die Wurzeln so wenig wie möglich knicken oder brechen, denn diese Wurzeln sterben später im Topf schnell ab.

| Basics | Phalaenopsis | Cambria | Miltoniopsis | Cymbidium | Cattleya | Dendrobium | Paphiopedilum | Vanda |

KOSMOS
SOFORTHELFER

Das Substrat dient der Orchidee eher als Halt und nicht wie Blumenerde als Nährstoffspeicher. Daher müssen Orchideen regelmäßig, aber in Maßen, gedüngt werden. Die Düngung dient nicht nur der Nährstoffversorgung der Orchidee, sondern auch der Mikroorganismen, die im Substrat leben. Bei zu geringer Düngung nehmen diese der Orchidee die Nährstoffe weg.

- Die Orchidee mit den Wurzeln in den neuen Topf stellen.
- Vorsichtig das Substrat zwischen die Wurzeln fallen lassen und immer wieder mit den Fingern leicht nachdrücken.
- Achten Sie darauf, dass das Substrat überall zwischen die Wurzeln gelangt.

- Das Substrat nach und nach bis zum Rand einfüllen, vorsichtig eindrücken, damit die Pflanze fest im Topf steht.
- Einen Tag zur „Beruhigung" der Wurzeln stehen lassen, damit kleinere Knickstellen abtrocknen können. Am nächsten Tag tauchen.

PHALAENOPSIS TEILEN

WIE
KANN MAN SIE TEILEN?

- Phalaenopsis bilden nur selten Ableger.
- Manchmal entstehen an den Blütentrieben Kindel (Tochterpflanzen), die man abtrennen und eintopfen kann.
- Ableger werden meist nur dann gebildet, wenn das Herz der Pflanze beschädigt ist.

WAS
BRAUCHE ICH DAZU?

- Eine starke Pflanze mit seitlichen Ablegern
- Einen durchsichtigen Plastiktopf
- Eingeweichtes, feuchtes Sphagnum-Moos

WIE
GEHT DAS AM BESTEN?

Teilen

- Die Pflanze vorsichtig auseinander ziehen und die seitlichen Tochterpflanzen ablösen. Nicht abreißen oder abschneiden, die Tochterpflanze sollte sich von alleine lösen.
- Das alte Substrat entfernen.

Eintopfen

- Die Jungpflanzen separat in neue Töpfe setzen.
- Im weichen Sphagnum-Moos wachsen sie schnell weiter. Nur alle vier Wochen und dann nur mit halber Konzentration düngen.

PHALAENOPSIS BLÜTENBILDUNG ANREGEN

Blütenstiel abschneiden

WIE
BLÜHEN SIE WIEDER?

- Phalaenopsis bilden <u>an der Basis von abgeblühten Stielen</u> häufig <u>neue Blütentriebe</u> oder verzweigen sich.

WANN
SCHNEIDET MAN DEN BLÜTENSTIEL?

- Wenn die letzte Blüte welk ist, den Blütenstiel knapp über dem nächstunteren Auge (schlafende Knospe) zurückschneiden.
- Wenn der Blütenstiel gelb wird, kann er abgeschnitten werden.
- Um die Bildung eines neuen Blütentriebs anzuregen, schneidet man sofort <u>nach dem Abblühen</u> den Blütenstiel <u>um etwa zwei Drittel auf zwei bis vier Augen</u> (Knospen) zurück. Über der Knospe 5–10 mm Trieb stehen lassen.
- Besonders im Sommer verzweigt sich der Stängel und bildet noch einmal Blütenknospen.

PHALAENOPSIS EMPFEHLENSWERTE SORTEN

Doritaenopsis
(Doritaenopsis-Hybride)

Blüte
- Hell bis dunkelrosa, auch violettblau
- Bis 4 cm Durchmesser
- An 30–80 cm langen, meist unverzweigten Rispen

Standort
- Mehr Sonne als normale Phalaenopsis, Ost-, West- oder Südwestfenster

Nach der Blüte
- Stängel auf etwa drei Augen zurückschneiden.
- Jede Woche gießen.
- Von März bis Oktober alle zwei Wochen düngen.

Carmela's Pixie
(Phalaenopsis-Hybride)

Blüte
- Lila mit weißem Rand, Lippe dunkler
- Bis 3,5 cm Durchmesser
- An 15–25 cm langen Rispen

Standort
- Hell, aber keine direkte Mittagssonne, Ost- oder Westfenster

Nach der Blüte
- Stängel auf drei bis vier Augen zurückschneiden.
- Wöchentlich gießen oder tauchen.
- Von März bis Oktober alle zwei Wochen düngen.

Naturform
(Phalaenopsis equestris)

Blüte
- Hellrosa, Lippe dunkler, auch fast weiß oder bläulich rosa
- Bis 2,5 cm Durchmesser
- An 15–25 cm langen, meist verzweigten Rispen

Standort
- Hell, aber keine direkte Sonne, Ost- oder Westfenster

Nach der Blüte
- Stängel auf etwa drei Augen zurückschneiden.
- Etwas trockener halten, nach vier Wochen wieder normal gießen, von März bis Oktober, alle zwei Wochen düngen.

Zuma's Pixie
(Phalaenopsis-Hybride)

Blüte
- Dunkelrosa bis pink
- Bis 4 cm Durchmesser
- An 35–50 cm langen, manchmal verzweigten Rispen

Standort
- Hell, aber keine direkte Mittagssonne, Ost- oder Westfenster

Nach der Blüte
- Stängel auf etwa drei Augen zurückschneiden.
- Jede Woche gießen.
- Wenn Blätter oder Blütentriebe wachsen, alle drei Wochen düngen.

Everspring Light
(Phalaenopsis-Hybride)

Blüte
- Hellrosa mit vielen dunkleren Punkten
- Bis 8 cm Durchmesser
- An 30–50 cm langen Rispen

Standort
- Hell, aber keine direkte Mittagssonne, Ost- oder Westfenster

Nach der Blüte
- Stängel auf zwei bis vier Augen zurückschneiden.
- Wöchentlich gießen.
- Von März bis Oktober alle zwei Wochen düngen.

Zauberflöte
(Phalaenopsis-Hybride)

Blüte
- Dunkelrosa bis pink
- Bis 10 cm Durchmesser
- An 40–80 cm langen, selten verzweigten Rispen

Standort
- Hell, aber keine direkte Mittagssonne, Ost- oder Westfenster.

Nach der Blüte
- Stängel auf drei bis vier Augen zurückschneiden.
- Jede Woche gießen.
- Von März bis Oktober alle 14 Tage düngen.

PHALAENOPSIS EMPFEHLENSWERTE SORTEN

Brother Golden Empress
(Phalaenopsis-Hybride)

Blüte
- Hellgelb bis cremegelb
- Bis 10 cm Durchmesser
- An 40–60 cm langen, meist unverzweigten Rispen

Standort
- Hell, aber keine direkte Mittagssonne, Ost- oder Westfenster

Nach der Blüte
- Stängel auf drei bis vier Augen zurückschneiden.
- Jede Woche gießen.
- Von März bis Oktober alle zwei Wochen düngen.

Brother Peprick
(Phalaenopsis-Hybride)

Blüte
- Orangegelb mit rosaroter Lippe
- Bis 6 cm Durchmesser
- An 30–40 cm langen, meist unverzweigten Rispen

Standort
- Hell, aber keine direkte Mittagssonne, Ost- oder Westfenster

Nach der Blüte
- Stängel auf etwa drei Augen zurückschneiden.
- Wöchentlich gießen.
- Von März bis Oktober alle zwei Wochen düngen.

Little Emperor Orange
(Phalaenopsis-Hybride)

Blüte
- Leuchtend gelb
- Bis 6 cm Durchmesser
- An 30–40 cm langen, meist unverzweigten Rispen

Standort
- Hell, aber keine direkte Mittagssonne, Ost- oder Westfenster

Nach der Blüte
- Stängel auf drei bis vier Augen zurückschneiden.
- Jede Woche gießen.
- Von März bis Oktober alle zwei Wochen düngen.

| Basics | Phalaenopsis | Cambria | Miltoniopsis | Cymbidium | Cattleya | Dendrobium | Paphiopedilum | Vanda |

Cool Breeze
(Phalaenopsis-Hybride)

Blüte
- Reinweiß mit gelber Lippe
- Bis 8 cm Durchmesser
- An 40–60 cm langen, meist unverzweigten Rispen

Standort
- Hell, aber keine direkte Mittagssonne, Ost- oder Westfenster

Nach der Blüte
- Stängel auf drei bis vier Augen zurückschneiden.
- Wöchentlich gießen.
- Von März bis Oktober alle zwei Wochen düngen.

Semi-Alba-Form
(Phalaenopsis-Hybride)

Blüte
- Reinweiß mit rosavioletter Lippe
- Bis 10 cm Durchmesser
- An 40–70 cm langen, meist unverzweigten Rispen

Standort
- Hell, aber keine direkte Mittagssonne, Ost- oder Westfenster

Nach der Blüte
- Stängel auf drei bis vier Augen zurückschneiden.
- Jede Woche gießen.
- Von März bis Oktober alle zwei Wochen düngen.

Hellrosa Form
(Phalaenopsis-Hybride)

Blüte
- Hellrosa mit dunklerer Zeichnung
- Bis 9 cm Durchmesser
- An 40–60 cm langen, meist unverzweigten Rispen

Standort
- Hell, aber keine direkte Mittagssonne, Ost- oder Westfenster

Nach der Blüte
- Stängel auf drei bis vier Augen zurückschneiden.
- Wöchentlich gießen.
- Von März bis Oktober alle zwei Wochen düngen.

CAMBRIA

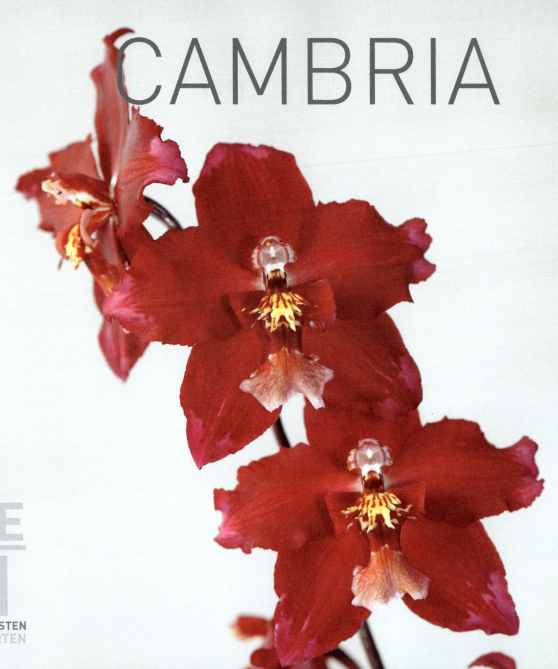

DIE 11 SCHNELLSTEN ANTWORTEN

VIELFALT IST TRUMPF <u>CAMBRIA</u>

DER NAME CAMBRIA IST EIN HANDELSNAME FÜR ORCHIDEEN, DIE AUS ARTEN DER GATTUNGEN COCHLIODA, ONCIDIUM, ODONTOGLOSSUM, MILTONIA U. A. GEZÜCHTET WURDEN UND ZU HYBRIDGATTUNGEN WIE ODONTIODA, WILSONARA, VUYLSTEKEARA U. A. GEHÖREN. DIE BLÜTEN SIND FARBENFROH IN KRÄFTIGEN ROT-, PINK-, ORANGE- UND BRAUNTÖNEN. VIELE SORTEN HABEN GETUPFTE, MARMORIERTE UND GESTREIFTE BLÜTEN.

HERKUNFT

Die Arten, aus denen Cambria-Orchideen für die Fensterbank gezüchtet wurden, kommen aus feucht-kühlen bis wärmeren Wäldern im tropischen Südamerika, wo sie in Moospolstern epiphytisch auf Ästen oder Baumstämmen wachsen.

CAMBRIA AUF DER FENSTERBANK

Die Orchideen dieser Gruppe kommen mit den normalen Wohnzimmerbedingungen recht gut zurecht, mögen aber keine trockene Luft und vor allem keinen ausgetrockneten Wurzelballen. Ein West- oder Ostfenster ist ideal, Südfenster sind zu hell – an den Blättern kommt es zu Sonnenbrand. Gießen Sie Ihre Cambria einmal pro Woche, sobald die Substratoberfläche angetrocknet ist. Allerdings darf kein Wasser im Untersetzer oder Übertopf stehen bleiben, denn zu viel Nässe führt zu Wurzelfäulnis. Nach der Blüte bildet sich ein weiterer Neutrieb, der einige Monate später blüht – die meisten Sorten kommen so zweimal im Jahr, im Frühling und im Herbst, zur Blüte.

BESONDERHEITEN

Die langen, gebogenen Blütentriebe hängen elegant über, wenn man sie nicht mit einem Stab stützt – sie brauchen dann aber viel Platz. Während der Entwicklungszeit auf eine höhere Luftfeuchtigkeit achten, damit die zarten, schlanken Blütenknospen nicht eintrocknen. Allerdings dürfen die Knospen beim Sprühen nicht nass werden. Schwarze Flecken durch Pilzinfektionen sind die Folge.

CAMBRIA UND VERWANDTE # PFLEGE

WELCHE
ANSPRÜCHE HAT CAMBRIA?

- Temperatur im Sommer 20–25 °C, im Winter 15–20 °C Luftfeuchtigkeit 50–70 %
- Feine Orchideenerde aus Rinde
- Im Sommer wöchentlich gießen oder tauchen
- Im Winter alle zwei Wochen gießen oder tauchen
- Gedüngt wird nur, wenn die Pflanze wächst, nicht während der Blütezeit; im Sommer alle zwei bis drei Wochen, im Winter nur einmal monatlich.

WORAUF
MUSS ICH ACHTEN?

- Im Sommer nicht in die Sonne stellen.
- Während der Blütezeit weniger gießen.
- Nicht in die Sonne oder ans Südfenster stellen: Sonnenbrandgefahr.
- Kann im Winter auch kühler stehen, z. B. im Schlafzimmer.

WANN
MUSS ICH GIESSEN?

Gießen

- Cambria und verwandte Orchideen mögen es nicht, wenn der Wurzelballen komplett austrocknet.
- Kontrollieren Sie die Feuchtigkeit des Substrats nach dem Erwerb und gießen Sie, wenn nötig, gleich am ersten Tag.

Schädlingskontrolle

- In den Blattachseln der Basisblätter verstecken sich häufig Schild- und vor allem Wollläuse.
- Kontrollieren Sie deshalb Neuankömmlinge sofort nach dem Erhalt, bevor Sie sie zu Ihren vorhandenen Pflanzen stellen.

| Basics | Phalaenopsis | Cambria | Miltoniopsis | Cymbidium | Cattleya | Dendrobium | Paphiopedilum | Vanda |

WORAUF
MUSS ICH ACHTEN?

KOSMOS SOFORTHELFER

Trockene und vor allem schwankende Luftfeuchtigkeit führt bei Orchideen aus der Odondoglossum-Verwandschaft und ihren Hybriden zu so genannten Ziehharmonikablättern. Die jungen Triebe können sich bei niedriger Luftfeuchtigkeit nicht weiterentwickeln und bleiben im Wachstum stehen, unschöne Falten im Blatt sind die Folge. Rregelmäßig besprühen!

Alte Blütentriebe
- Trockene Blütenstiele und Blattbasen vorsichtig herausschneiden oder abziehen.
- Sie beginnen mit der Zeit zu faulen und sind oftmals Eintrittspforten für Krankheitserreger.

Ziehharmonikatriebe
- Sind die Blätter der neuen Triebe ziehharmonikaartig gefaltet, ist das ein Zeichen für eine zu niedrige Luftfeuchtigkeit und/oder zu wenig Wasser.
- Abhilfe: Luftfeuchtigkeit erhöhen durch mehr Sprühen. Der Wurzelballen darf während der Neutriebbildung nicht austrocknen.

CAMBRIA UND VERWANDTE **PROBLEME**

WELCHE
SCHÄDEN SIND AM HÄUFIGSTEN?

- Gelbe Blattspitzen
- Blattvergilbungen
- Pilzkrankheiten
- Schnecken
- Schildläuse
- Wollläuse

WAS
KANN ICH DAGEGEN TUN?

Trockene, gelbe Blattspitzen

- Wenn durch unregelmäßiges Gießen oder zu trockene Luft die Blattspitzen gelb werden, ist das eher ein kosmetisches Problem.
- Schneiden Sie die Spitze mit einer scharfen, sauberen Schere oberhalb des gelben Rands von beiden Seite V-förmig ab.

Vergilbungen und Pilzkrankheiten

- Gelbe Blätter mit kleinen scharzen Punkten sind ein Zeichen für eine Pilzinfektion.
- Schneiden Sie befallene Blätter komplett ab.
- Mit einem systemischen (von innen wirkenden) Fungizid (im Gartencenter beraten lassen) spritzen.

WIE
KANN ICH DAS VERHINDERN?

- Regelmäßig kontrollieren
- Regelmäßig besprühen
- Luftbefeuchter aufstellen
- Wurzelballen einmal wöchentlich (im Sommer) tauchen, im Winter alle zwei Wochen.
- Neue Pflanzen vier Wochen separat stellen. Erst wenn Sie sicher sind, dass sie gesund sind, zu den anderen Pflanzen stellen.

| Basics | Phalaenopsis | Cambria | Miltoniopsis | Cymbidium | Cattleya | Dendrobium | Paphiopedilum | Vanda |

KOSMOS SOFORTHELFER

Schwarze, erst spät eintrocknende Blattspitzen mit einem braun-gelben Übergang zum grünen Blattbereich sind ein Zeichen von Überdüngung. Die Pflanze versucht, das Zuviel an Nährstoffen in den Blattspitzen einzulagern, bis diese dort so hoch konzentriert sind, dass die Zellen absterben und schwarz werden. Stellen Sie die Düngung für sechs bis acht Wochen ein.

Schneckenfraß

- Schnecken raspeln mit ihrer Zunge die oberste Blattschicht ab, sodass nur eine dünne, pergamentartige Haut, die schnell eintrocknet, übrig bleibt.
- Schnecken absammeln oder Schneckenkorn auf das Substrat streuen.

Schild- und Wollläuse

- Besonders auf der Blattunterseite siedeln sich bei trockener Luft Deckelschildläuse an.
- Wollläuse sitzen meist in zwischen den Blättern oder den Pseudobulben.
- Mit einem von innen wirkenden, systemischen, Insektizid (im Gartencenter beraten lassen) spritzen. Die Behandlung nach vier Wochen wiederholen.

CAMBRIA UND VERWANDTE — TEILEN UND UMTOPFEN I

WANN
WIRD GETEILT UND UMGETOPFT?

- Wenn die neuen Triebe über den Topfrand wachsen.
- Wenn die neuen Wurzeln aus dem Topf herauswachsen.
- Am besten nach der Frühjahrsblüte im späten Frühling ab Mai.

WAS
BRAUCHE ICH?

- Eine scharfe, saubere Garten- oder Blumenschere
- Einen neuen Plastiktopf. Zum Umtopfen: 5 cm größer als der vorherige. Zum Teilen: genauso groß wie der vorherige.
- Mittelfeine Orchideenerde aus Rinde

WIE
GEHT DAS AM BESTEN?

Der richtige Zeitpunkt

- Wenn die neuen Triebe über den Topfrand hinauswachsen oder wie eine Leiter „herausklettern", ist es höchste Zeit zum Umtopfen.

Wurzelballen lösen

- Durch leichtes Drücken auf die Topfwand lässt sich der Wurzelballen leichter aus dem Topf lösen. Dichte weiße Wurzeln sind ein Zeichen für optimale Pflege.
- Wenn umgetopft wird, einfach so in den neuen Topf setzen.

| Basics | Phalaenopsis | Cambria | Miltoniopsis | Cymbidium | Cattleya | Dendrobium | Paphiopedilum | Vanda |

Die Orchidee soll geteilt werden?

- Auseinanderziehen geht nicht, daher mit der Schere den Ballen einfach in der Mitte durchschneiden.

- Die Wurzeln sind von innen schnurstracks an die Topfinnenwand gewachsen und haben sich immer wieder im Kreis um den Ballen gewickelt.

Weiter geht es auf der nächsten Seite ...

CAMBRIA UND VERWANDTE — TEILEN UND UMTOPFEN II

KOSMOS
SOFORTHELFER

Sind Sie sich bei der Topfgröße unsicher, nehmen Sie lieber die kleinere Größe. In zu großen Töpfen kann es leicht zu Fäulnis kommen, da in ihnen das Substrat nicht so schnell abtrocknen kann. Die Bilder zeigen deutlich, dass die Wurzeln fast nur an der Topfinnenwand wachsen und nicht im Topfinnern. In einem großen Topf bleibt das Substrat hier immer feucht und fault schneller.

WIE
GEHT ES WEITER?

Nach dem Teilen

- Ist die Pflanze in zwei Teile getrennt, wird das alte Substrat entfernt.
- Jeder Teil sollte mindestens drei, besser vier Triebe mit Pseudobulben und einen Spitzentrieb haben.

- Das Teilstück wird so in den neuen Topf gestellt, dass der Neutrieb zur Topfmitte zeigt und sich die älteste Pseudobulbe ab Topfrand befindet.
- Der Topf sollte so groß sein, dass noch etwa zwei bis drei Neuzuwächse Platz haben.

| Basics | Phalaenopsis | Cambria | Miltoniopsis | Cymbidium | Cattleya | Dendrobium | Paphiopedilum | Vanda |

- Vorsichtig das <u>frische Substrat einfüllen</u>.
- Dabei die <u>Pflanze immer festhalten</u> und die Rindenstücke nach und nach mit den Fingern zwischen die Wurzeln schieben.

- Die frisch getopfte Pflanze <u>einen Tag ruhen lassen</u>, damit Verletzungen der Wurzeln abtrocknen und sich so verschließen können.
- Am <u>nächsten Tag vorsichtig tauchen</u> und an ein nicht ganz so helles Fenster stellen, bis die neuen Wurzeln die Pflanze stabilisiert haben.

CAMBRIA UND VERWANDTE

RÜCKBULBEN BEWURZELN

WANN
WIRD GETEILT?

- Wenn beim Umtopfen alte Triebteile oder Pseudobulben übrig bleiben.
- Am besten im zeitigen Frühling eintüten, damit die Pflanze bis zum Sommer neue Triebe und Wurzeln gebildet hat und eingetopft werden kann.

WIE
GEHT DAS AM BESTEN?

Rückbulben

- Sie fallen fast immer beim Umtopfen größerer Pflanzen an.
- Als Rückbulben bezeichnet man Pseudobulben ohne Neutrieb.

Teilstücke und Rückbulben

- Ältere Teilstücke und Rückbulben von gelben Blättern, trockenen Hüllblättern und losen Wurzeln befreien.
- Jedes Stück sollte mindestens zwei, besser drei oder vier Pseudobulben besitzen.

WAS
BRAUCHE ICH?

- Eine scharfe, saubere Garten- oder Blumenschere
- Einen durchsichtige Plastiktüte mit Zip-Verschluss
- feuchtes Sphagnum-Moos

| Basics | Phalaenopsis | Cambria | Miltoniopsis | Cymbidium | Cattleya | Dendrobium | Paphiopedilum | Vanda |

KOSMOS
SOFORTHELFER

Die Vermehrung durch Rückbulben lohnt sich besonders bei besonders schönen oder seltenen Exemplaren, da die Nachkommen wie bei der Teilung mit der Mutterpflanze identisch sind. Bei dieser Vermehrungsmethode ist Geduld angebracht, denn die alten Rückstücke treiben oft erst nach Monaten neu aus und brauchen dann zwei bis drei Jahre bis zur ersten Blüte.

Rückbulben eintüten

- Die Teilstücke werden einzeln in durchsichtige Plastiktüten gesteckt, die mit feuchtem Sphagnum-Moos gefüllt sind.
- Das Moos enthält Substanzen, die die Bewurzelung fördern und Krankheitserreger wie Pilze unterdrücken.

Bewurzeln

- Die eingetütete Pflanze hell, aber nicht in die pralle Sonne stellen.
- Wichtig ist eine so genannte „gespannte" Luft, d.h. eine gesättigte Luftfeuchtigkeit.
- Meist nach acht bis zwölf Wochen erscheinen an der Basis der Pseudobulben kleine Neutriebe, die auch bald eigene Wurzeln ausbilden.

CAMBRIA UND VERWANDTE

EMPFEHLENSWERTE SORTEN

Nancy Crees
(Odontoglossum-Hybride)

Blüte
- Reinweiß mit leuchtend gelbem Fleck in der Lippe
- Bis 10 cm Durchmesser
- An 40–60 cm langen, unverzweigten Rispen

Standort
- Hell, aber keine direkte Sonne, am Ost- oder Westfenster

Nach der Blüte
- Stängel abschneiden, wenn er eingetrocknet ist.
- Jede Woche gießen.
- Wenn Blätter oder Blütentriebe wachsen, alle zwei bis drei Wochen düngen.

Cambria
(Vuylstekeara-Hybride)

Blüte
- Rot, Lippe weiß mit roten Flecken und roter Basis
- Bis 8 cm Durchmesser
- An 30–60 cm langen, unverzweigten Rispen

Standort
- Hell, aber keine direkte Sonne, Ost- oder Westfenster

Nach der Blüte
- Trockenen Stängel zurückschneiden.
- Wöchentlich gießen.
- Während Blätter oder Blütentriebe wachsen, alle zwei bis drei Wochen düngen.

Wössner Corona
(Odontoglossum-Hybride)

Blüte
- Rosa mit roten Flecken, Lippe in der Mitte gelb
- Bis 10 cm Durchmesser
- An 40–60 cm langen, unverzweigten Rispen

Standort
- Hell, aber keine direkte Sonne, Ost- oder Westfenster ideal

Nach der Blüte
- Stängel zurückschneiden, wenn er eingetrocknet ist.
- Jede Woche gießen.
- Wenn die Blätter oder Blütentriebe wachsen, alle zwei bis drei Wochen düngen.

| Basics | Phalaenopsis | Cambria | Miltoniopsis | Cymbidium | Cattleya | Dendrobium | Paphiopedilum | Vanda |

Naturform
(Rhynchostele bictoniense)

Blüte
- Braunrot mit grünen Streifen, Lippe rosa; Alba-Form mit grün-weißer Lippe
- Bis 7 cm Durchmesser
- An 40–60 cm langen, unverzweigten Rispen

Standort
- Hell, aber keine direkte Sonne, Ost- oder Westfenster

Nach der Blüte
- Trockene Stängel abschneiden.
- Jede Woche gießen.
- Wenn Blätter oder Blütentriebe wachsen, alle drei Wochen düngen.

Naturform
(Rossioglossum grande)

Blüte
- Gelb mit braunen Flecken und Streifen
- Bis 12 cm Durchmesser
- An 35–50 cm langen, unverzweigten Rispen

Standort
- Hell, aber keine pralle Mittagssonne, Ost- oder Westfenster ideal

Nach der Blüte
- Trockene Stängel abschneiden.
- Wöchentlich gießen.
- Wenn Blätter oder Blütentriebe wachsen, alle drei bis vier Wochen düngen.

Edva Loo
(Brassia-Hybride)

Blüte
- Gelb mit braunen Flecken und Streifen, Lippe heller
- Bis 25 cm Höhe
- An 30–40 cm langen, unverzweigten Rispen

Standort
- Hell, aber keine direkte Mittagssonne, Ost- oder Westfenster am besten geeignet

Nach der Blüte
- Trockene Stängel abschneiden.
- Jede Woche gießen.
- Wenn Blätter oder Blütentriebe wachsen, alle drei bis vier Wochen düngen.

CAMBRIA UND VERWANDTE

EMPFEHLENSWERTE SORTEN

Mem. Bert Field
(Brassia-Hybride)

Blüte
- Orange mit rotbraunen Flecken, Lippe gelb
- Bis 15 cm Höhe
- An 30–40 cm langen, unverzweigten Rispen

Standort
- Hell, aber keine pralle Mittagssonne, Ost- oder Westfenster

Nach der Blüte
- Stängel zurückschneiden.
- Jede Woche gießen.
- Wenn Blätter oder Blütentriebe wachsen, alle drei Wochen düngen.

Naturform
(Oncidium viperinum)

Blüte
- Braungelb mit riesiger, gelber Lippe
- Bis 2,5 cm Durchmesser
- An 15–20 cm langen, unverzweigten Rispen

Standort
- Hell, aber keine pralle Mittagssonne, Südost-, Südwest- oder Westfenster geeignet

Nach der Blüte
- Stängel zurückschneiden.
- Jede Woche gießen.
- Nur wenn Blätter oder Blütentriebe wachsen, alle vier Wochen düngen.

Oncidium-Hybride
(Oncidium bifolium × flexuosum)

Blüte
- Braungelb mit großer, gelber, geigenförmiger Lippe
- Bis 4 cm Durchmesser
- An 25–40 cm langen Rispen

Standort
- Hell, aber keine direkte Mittagssonne, Südost-, Südwest- oder Westfenster

Nach der Blüte
- Stängel zurückschneiden, wenn er eingetrocknet ist.
- Wöchentlich gießen.
- Während die Blätter oder Blütentriebe wachsen, alle vier Wochen düngen.

| Basics | Phalaenopsis | Cambria | Miltoniopsis | Cymbidium | Cattleya | Dendrobium | Paphiopedilum | Vanda |

Oncidium-Hybride
(Oncidium lanceanum × microchilum)

Blüte
- Braun gefleckt mit hell- und dunkelrosa gezeichneter Lippe
- Bis 5 cm Durchmesser
- An 35–50 cm langen, unverzweigten Rispen.

Standort
- Sehr hell, aber keine direkte Mittagssonne, Südost-, Südwest- oder Südfenster

Nach der Blüte
- Stängel abschneiden.
- Jede Woche gießen.
- Während des Wachstums alle vier Wochen düngen.

Sharry Baby
(Oncidium-Hybride)

Blüte
- Creme und rot mit weiß-roter Lippe
- Bis 5 cm Durchmesser
- An 40–60 cm langen, unverzweigten Rispen

Standort
- Hell, aber keine direkte Mittagssonne, Ost- oder Westfenster

Nach der Blüte
- Stängel abschneiden.
- Wöchentlich gießen.
- Wenn Blätter oder Blütentriebe wachsen, alle vier Wochen düngen.

Samurai
(Oncidium-Hybride)

Blüte
- Braunrot mit weiß-roter Lippe
- Bis 4 cm Durchmesser
- An 40–60 cm langen, unverzweigten Rispen

Standort
- Hell, aber keine direkte Mittagssonne, Ost- oder Westfenster

Nach der Blüte
- Stängel zurückschneiden, wenn er eingetrocknet ist.
- jede Woche gießen.
- Während des Wachstums der Triebe oder Blütenstiele alle vier Wochen düngen.

MILTONIOPSIS

DIE 10 SCHNELLSTEN ANTWORTEN

GROSSE LIPPE – VIEL DAHINTER _MILTONIOPSIS_

STIEFMÜTTERCHENORCHIDEE ODER MILTONIE IST DER UMGANGSSPRACHLICHE NAME DIESER ORCHIDEE. DIE GROSSEN BLÜTEN GIBT ES VON WEISS ÜBER ROSA BIS HIN ZU PINK UND ROT. OFT HAT DIE LIPPE EINE DUNKLERE ZEICHNUNG.

HERKUNFT

Die Arten, aus denen die Stiefmütterchenorchideen für die Fensterbank gezüchtet wurden, kommen aus dem tropischen Südamerika, wo sie in feuchten Wäldern in dicken Moospolstern epiphytisch auf Ästen oder Baumstämmen wachsen.

MILTONIOPSIS AUF DER FENSTERBANK

Miltoniopsis kommen mit den normalen Wohnzimmerbedingungen recht gut zurecht, sind aber gegen trockenere Heizungsluft im Winter empfindlicher. Ein West-, Südwest-, Südost- oder Ostfenster ist ideal, reine Südlagen sind zu hell und an den Blättern kann es zu Sonnenbrand kommen. Am Nordfenster werden die Triebe lang und dünn und es ist schwer, sie zum Blühen zu bringen. Miltoniopsis werden ohne ausgeprägte Ruhepause gepflegt – nach der Blüte zum Erscheinen der neuen Triebe trockener halten. Je wärmer die Zimmertemperatur, desto häufiger muss gegossen werden. Im Sommer einmal pro Woche tauchen, dabei jedes zweite Mal düngen. Im Winter nur alle zwei bis drei Wochen tauchen und nur düngen, wenn Wachstum erkennbar ist.

BESONDERHEITEN

Stiefmütterchenorchideen wachsen sympodial, d.h. die Triebe mit den Blättern erscheinen nacheinander an einem Rhizom (Wurzelstock). An der Basis der Triebe befindet sich eine dicke Pseudobulbe, die Blätter stehen fächerförmig an den Seiten und eines an der Spitze. Die Blütentriebe erscheinen in den Blattachseln der neuen Triebe. Es blüht immer nur der diesjährige Trieb, die alten Pseudobulben dürfen aber nicht abgeschnitten werden, sie dienen als Reserve.

MILTONIOPSIS **PFLEGE**

WELCHE
ANSPRÜCHE HABEN MILTONIEN?

- Temperatur ganzjährig 15–25 °C Luftfeuchtigkeit 60–70 %
- Feine Orchideenerde aus Rinde
- Im Sommer wöchentlich gießen oder tauchen.
- Im Winter alle zwei Wochen gießen oder tauchen.
- Darf nie ganz austrocknen.
- Gedüngt wird nur von März bis August.

WORAUF
MUSS ICH ACHTEN?

- Während der Blütezeit weniger gießen, aber nicht austrocknen lassen.
- Nie in die Sonne oder ans Südfenster stellen: Sonnenbrandgefahr.
- Kann im Winter auch etwas kühler stehen, z. B. im Schlafzimmer.

WANN
MUSS ICH GIESSEN?

Tauchen

- Miltonien haben zwar dicke Pseudobulben an der Basis der Blätter, mögen es aber trotzdem gar nicht, wenn der Wurzelballen austrocknet.
- Wenn sich der Topf leicht anfühlt oder die obersten Substratstückchen trocken sind, tauchen Sie die Pflanze und lassen den Ballen gut vollsaugen.

Ziehharmonikatriebe

- Durch schwankende oder niedrige Luftfeuchtigkeit kommt es an den Blättern manchmal zu Wachstumsstockungen, die zu typischen Ziehharmonikablättern führen.
- Dies ist nicht weiter schlimm, damit jedoch nicht mehr Blätter missgebildet werden, sollten Sie regelmäßig sprühen.

| Basics | Phalaenopsis | Cambria | Miltoniopsis | Cymbidium | Cattleya | Dendrobium | Paphiopedilum | Vanda |

KOSMOS
SOFORTHELFER

Miltonien und ihre Verwandten gehören durchaus zu den etwas anspruchsvolleren Vertretern der Orchideen. Achten Sie darauf, dass die Temperatur nicht über 30 °C ansteigt, die Luftfeuchtigkeit gleichmäßig hoch ist und der Wurzelballen nie komplett austrocknet. Dann werden Sie im Herbst und manchmal auch im Frühjahr mit riesigen, farbenfrohen Blüten belohnt.

Schädlingskontrolle

- In den Achseln der Blätter an den Pseudobulben und zwischen diesen am Rhizom (Wurzelstock) verstecken sich besonders gerne Wollläuse. Wenn sich die Blätter an dieser Stelle klebrig anfühlen (durch die Ausscheidungen der Läuse), spritzen Sie mit einem systemischen Insektizid (im Gartencenter).

Zerbrechliche Blütentriebe

- Die Blütentriebe der Miltonie sind anfangs sehr unscheinbar. Sie erscheinen seitlich an den Pseudobulben in den Blattachseln und „verstecken" sich lange in den Blattspreiten.
- Die Stiele sind sehr zart und zerbrechlich. Achten Sie beim Hantieren darauf, dass sie nicht abknicken oder gar brechen, denn dann dauert es mit der Blüte bis zum nächsten Jahr.

MILTONIOPSIS **PROBLEME**

WELCHE
SCHÄDEN SIND AM HÄUFIGSTEN?

- Zieharmonikablätter
- Leitertriebe
- Schrumpelige Pseudobulben
- Sonnenbrand
- Schildläuse
- Wollläuse

WAS
KANN ICH DAGEGEN TUN?

Trockene Luft

- Gefaltete Blätter und Neutriebe sind ein Zeichen zu geringer Luftfeuchtigkeit und/oder unregelmäßigen Wassergaben während des Wachstums des Neutriebs. Abhilfe: Luftfeuchtigkeit erhöhen sowie täglich sprühen und im Sommer einmal wöchentlich, im Winter alle zwei Wochen gießen oder tauchen.

Leitertriebe

- Manche Miltassien neigen dazu, mit jedem Neutrieb etwas aus dem Topf heraus nach oben zu wachsen. Alle zwei Jahre umtopfen hilft, diese kletternden Triebe im Zaum zu halten.
- Dieser Wuchs ist genetisch „angeboren" und kann nicht gesteuert werden.

WIE
KANN ICH DAS VERHINDERN?

- Regelmäßig kontrollieren
- Regelmäßig besprühen
- Luftbefeuchter aufstellen
- Wurzelballen einmal wöchentlich (im Sommer) tauchen, im Winter alle zwei Wochen.
- Neue Pflanzen vier Wochen separat stellen. Erst wenn Sie sicher sind, dass sie gesund sind, zu den anderen Pflanzen stellen.

| Basics | Phalaenopsis | Cambria | Miltoniopsis | Cymbidium | Cattleya | Dendrobium | Paphiopedilum | Vanda |

> **KOSMOS SOFORTHELFER**
>
> Gegen Schild- und Wollläuse, die sich besonders gerne in den Blattachseln an der Basis der Pseudobulben verstecken, helfen systemische, also von innen wirkende Insektizide. Lassen Sie sich im Gartencenter beraten. Nach vier Wochen muss die Behandlung wiederholt werden, damit auch Larven, die nach der Behandlung aus Eiern geschlüßft sind, erfasst werden.

Trockenschäden

- Eingefallene, faltige Pseudobulben sind ein Zeichen für unregelmäßige und zu seltene Wassergaben.
- Soforthilfe: 2 Stunden tauchen, damit sich das Substrat gut vollsaugen kann, dann jede Woche durchdringend gießen oder tauchen.

Sonnenbrand

- Rötliche oder braune Verfärbungen auf den älteren Pseudobulben treten auf, wenn die Pflanze zu viel Licht abbekommen hat.
- Um Sonnenbrand oder Gewebeschäden durch zu viel Licht oder Wärme zu verhindern, vorbeugend nicht in die Mittagssonne stellen.

MILTONIOPSIS **UMTOPFEN**

WANN
WIRD UMGETOPFT?

- Wenn die neuen Triebe über den Topfrand wachsen.
- Wenn die neuen Wurzeln aus dem Topf herauswachsen.
- Wenn sich die neuen Triebe zeigen und gerade 1–2 cm groß sind.
- Am besten nach der Blüte im späten Frühling ab Mai.
- Nach dem Umtopfen vier Wochen nicht düngen, erst wenn die neuen Wurzeln einige Zentimeter lang sind, kann wieder mit dem Düngen begonnen werden.

WAS
BRAUCHE ICH?

- Einen neuen Plastiktopf. Zum Umtopfen: 3–5 cm größer als der vorherige. Zum Teilen: genauso groß wie der vorherige
- Mittelfeine Orchideenerde aus Pinienrinde
- Eventuell eine scharfe, saubere Garten- oder Blumenschere, um alte Wurzeln und Blütenstiele abzuschneiden.

WIE
GEHT DAS AM BESTEN?

Der richtige Zeitpunkt

- Viele Miltonien, vor allem die Sorten der Hybridgattung Miltassia, die aus Kreuzungen mit Brassia hervorgegangen sind, neigen dazu, nicht waagrecht, sondern leicht ansteigend nach oben zu wachsen.
- Dadurch klettern sie nach und nach aus dem Topf. Umgetopft wird, wenn die Neutriebe einige Zentimeter lang sind.

Aus dem Topf lösen

- Ziehen Sie die Pflanze vorsichtig aus dem alten Topf heraus. Wenn die Wurzeln an der Topfinnenwand festsitzen, hilft es, den Topf mit den Fingern leicht einzudrücken.
- Auch das Anfeuchten oder Tauchen vor dem Austopfen erleichtert das Herausziehen der Pflanze aus dem Topf.

| Basics | Phalaenopsis | Cambria | Miltoniopsis | Cymbidium | Cattleya | Dendrobium | Paphiopedilum | Vanda |

> **KOSMOS**
> **SOFORTHELFER**
>
> Nach dem Umtopfen ist es wichtig, dass sich die neuen Wurzeln gut im Substrat verankern können und nicht durch hin- und herbewegen gestört oder gar beschädigut werden. Deshalb ist es ratsam, einen Tag nach dem Umtopfen zu tauchen und dann die Pflanze sechs bis acht Wochen lang normal zu gießen, bevor man sie wieder, wie gehabt, zur Bewässerung taucht.

Altes Substrat entfernen

- Lösen Sie die gröbsten Stücke des alten Substrats aus dem Wurzelballen.
- <u>Mit den Fingern geht das am besten</u>, dann hat man mehr Gefühl wie mit einem Stöckchen oder Pikierstab.
- Rindenbrocken, die an den Wurzeln festsitzen, einfach an diesen dranlassen.

Frisches Substrat einfüllen

- Stellen Sie die Pflanze so in den neuen Topf, dass die <u>Neutriebe zur Topfmitte</u> zeigen und Platz für etwa zwei bis drei Jahreszuwächse haben.
- Füllen Sie das neue Substrat nach und nach ein und <u>drücken</u> Sie es mit den Fingern immer wieder <u>zwischen den Wurzeln fest</u>.
- Einen Tag <u>ruhen</u> lassen, dann <u>tauchen</u>.

MILTONIOPSIS — EMPFEHLENSWERTE SORTEN

Anne Warne
(Miltoniopsis-Hybride)

Blüte
- Rosa, Lippe heller
- Bis 7 cm Breite
- An 20–30 cm langen, unverzweigten Rispen

Standort
- Hell, aber keine direkte Mittagssonne, Ost- oder Westfenster

Nach der Blüte
- Stängel abschneiden.
- Zwei Monate nur alle zwei bis drei Wochen gießen, ab März wöchentlich tauchen.
- Während des Wachstums alle drei bis vier Wochen düngen.

Venus
(Miltoniopsis-Hybride)

Blüte
- Zartrosa, Lippe mit gelber Basis und dunkelvioleten Tupfen
- Bis 10 cm Durchmesser
- An 30–40 cm langen, unverzweigten Rispen

Standort
- Hell, aber keine direkte Mittagssonne, Ost- oder Westfenster ideal

Nach der Blüte
- Stängel abschneiden.
- Zwei Monate nur alle zwei bis drei Wochen gießen, ab März wöchentlich, dann
- Alle drei Wochen düngen.

Twin Peaks
(Miltoniopsis-Hybride)

Blüte
- Weiß, Petalen rosa, Lippe mit dunkelroter Zeichnung
- Bis 10 cm Breite
- An 30–40 cm langen, unverzweigten Rispen

Standort
- Hell, aber keine direkte Sonne, Ost- oder Westfenster

Nach der Blüte
- Stängel abschneiden.
- Zwei Monate nur alle zwei bis drei Wochen gießen, ab März wöchentlich, dann auch
- alle drei Wochen düngen.

| Basics | Phalaenopsis | Cambria | Miltoniopsis | Cymbidium | Cattleya | Dendrobium | Paphiopedilum | Vanda |

Herr Alexander
(Miltoniopsis-Hybride)

Blüte
- Weiß, Petalen mit rotem, Lippe mit gelbem Fleck an der Basis
- Bis 10 cm Breite
- An 30 – 40 cm langen, unverzweigten Rispen

Standort
- Hell, aber keine pralle Sonne, Ost- oder Westfenster

Nach der Blüte
- Stängel wegschneiden.
- Zwei Monate nur alle zwei bis drei Wochen gießen, ab März wöchentlich tauchen, dabei
- alle drei Wochen düngen.

Newton Falls
(Miltoniopsis-Hybride)

Blüte
- Dunkelrosarot, Lippe rosa mit rot-weißer Zeichnung
- Bis 12 cm Breite
- An 30 – 40 cm langen, unverzweigten Rispen

Standort
- Hell, aber keine direkte Sonne, Ost- oder Westfenster

Nach der Blüte
- Stängel abschneiden.
- Zwei Monate nur alle zwei bis drei Wochen gießen, ab März wöchentlich tauchen, dabei
- alle drei Wochen düngen.

Maidencombe
(Miltoniopsis-Hybride)

Blüte
- Hellrosa, Lippe rosa mit großem rotbraunem Fleck
- Bis 10 cm Breite
- An 30 – 40 cm langen, unverzweigten Rispen

Standort
- Hell, aber keine direkte Sonne, Ost- oder Westfenster

Nach der Blüte
- Stängel zurückschneiden, wenn er eingetrocknet ist.
- Zwei Monate nur alle zwei bis drei Wochen gießen, ab März wöchentlich tauchen, dabei
- alle drei Wochen düngen.

MILTONIOPSIS EMPFEHLENSWERTE SORTEN

Naturform
(Aspasia lunata)

Blüte
- Grün mit brauner Zeichnung, Lippe weiß mit violetter Basis
- Bis 7 cm Breite
- An 20–30 cm langen, unverzweigten Rispen

Standort
- Hell, aber keine direkte Sonne, Ost- oder Westfenster ideal

Nach der Blüte
- Stängel abschneiden.
- Zwei Monate nur alle zwei bis drei Wochen gießen, ab März wöchentlich tauchen, dabei
- alle drei Wochen düngen.

Bicolor
(Miltassia-Hybride)

Blüte
- Zartrosa mit vioeltten Flecken, Lippe mit dunkler Basis
- Bis 9 cm Breite
- An 30–45 cm langen, unverzweigten Rispen

Standort
- Hell, aber keine direkte Sonne, Ost- oder Westfenster

Nach der Blüte
- Stängel abschneiden.
- Zwei Monate nur alle zwei bis drei Wochen gießen, ab März wöchentlich, dabei
- alle drei Wochen düngen.

Shelob Tolkien
(Miltassia-Hybride)

Blüte
- Braun mit gelblichen Streifen, Lippe rosa mit rotbraune, gelb umrandeten Flecken
- Bis 7 cm Breite
- An 30–40 cm langen, unverzweigten Rispen

Standort
- Hell, aber keine pralle Sonne, Ost- oder Westfenster ideal

Nach der Blüte
- Stängel abschneiden.
- Zwei Monate nur alle zwei bis drei Wochen gießen, ab März wöchentlich tauchen, dabei
- alle drei Wochen düngen.

| Basics | Phalaenopsis | Cambria | Miltoniopsis | Cymbidium | Cattleya | Dendrobium | Paphiopedilum | Vanda |

Zygopetalum
(Zygopetalum-Hybride)

Blüte
- Grün mit braunen Flecken, Lippe weiß mit rosa Basis
- Bis 6 cm Durchmesser
- An 20–30 cm langen, unverzweigten Rispen

Standort
- Hell, aber keine direkte Sonne, Ost- oder Westfenster

Nach der Blüte
- Stängel abschneiden.
- Jede Woche gießen.
- Wenn Blätter oder Blütentriebe wachsen, alle drei Wochen düngen.

Naturform
(Zygopetalum mackayi)

Blüte
- Grün mit braunen Flecken, Lippe weiß mit blauvioletten Tupfen und Streifen
- Bis 8 cm Breite
- An 20–30 cm langen, unverzweigten Rispen

Standort
- Hell, aber keine pralle Sonne, Ost- oder Westfenster

Nach der Blüte
- Stängel abschneiden.
- wöchentlich gießen.
- Wenn Blätter oder Blütentriebe wachsen, alle drei Wochen düngen.

Luisendorf
(Zygopetalum-Hybride)

Blüte
- Grün mit braunen Flecken, Lippe weiß mit blauvioletten Linien
- Bis 8 cm Breite
- An 20–30 cm langen, unverzweigten Rispen

Standort
- Hell, aber keine direkte Sonne, Ost- oder Westfenster

Nach der Blüte
- Stängel abschneiden.
- Jede Woche gießen.
- Wenn die Blätter oder Blütentriebe wachsen, alle drei Wochen düngen.

CYMBIDIUM

Die 10 schnellsten Antworten

SCHÖNHEIT AUS FERNOST *CYMBIDIUM*

DIE GROSSEN BLÜTEN DER KAHNLIPPE ODER CYMBIDIE WERDEN VOR ALLEM ALS BESTANDTEIL VON BLUMENGESTECKEN VERWENDET. DA DIE ZU DIESEN BLÜTEN GEHÖRENDEN PFLANZEN ABER MEIST EINE BLATTLÄNGE VON MEHR ALS 100 CM ERREICHEN, SIND DIE GROSSEN SCHNITT-HYBRIDEN UND DIE SEHR SCHÖNEN ALTEN ENGLISCHEN KREUZUNGEN BEI UNS KAUM BEKANNT.

HERKUNFT

Die Eltern dieser mächtigen Orchideen stammen aus Nordindien, Burma und Thailand über weite Teile Indonesiens bis hin nach Australien. Leider gehen diese schönen, für den Wintergarten ideal geeigneten Kreuzungen mehr und mehr verloren, weil sie einfach zu groß und nicht mehr zeitgemäß sind. Vereinzelt kommen noch ausgemusterte Exemplare aus der Schnittblumenproduktion in den Handel. Bei guter Pflege können diese Pflanzen aber schnell einen Maurerkübel ausfüllen.

CYMBIDIEN AUF DER FENSTERBANK

Moderne Cymbidium-Hybriden sind kleiner, recht wüchsig und sehr blühfreudig. Cymbidien brauchen einen hellen Standort, Ost- oder Westfenster sind ideal. Nach der Blüte legen sie eine Ruhephase ein, im März/April also nicht gießen. Erst wenn ab Mai die neuen Triebe erscheinen, wird wieder gegossen und ab Ende Mai gedüngt. Cymbidien mögen eine Sommerfrische im Garten oder auf dem Balkon. Sie können von Ende Mai bis September im Freien stehen. Man sollte nur im Herbst darauf achten, dass der Klimawechsel zwischen draußen und drinnen nicht zu drastisch ist, weil die Pflanzen sonst dazu neigen, ihre Blütenknospen abzuwerfen.

BESONDERHEITEN

Cymbidien wachsen sympodial und bilden jedes Jahr neue Pseudobulben mit langen, schmalen Blättern. In der Natur wachsen fast alle Arten auf dem Boden in der Erde oder in dicken Humuspolstern in Astgabeln oder auf waagrechten Ästen.

CYMBIDIUM **PFLEGE**

WELCHE
ANSPRÜCHE HABEN CYMBIDIEN?

- Temperatur im Sommer 20–25 °C im Winter 8–15 °C Luftfeuchtigkeit 50–70 %
- Feine Erdorchideenerde aus Rinde, Torf und evtl. Holzkohle
- Ab Mai wöchentlich gießen.
- Im September und Oktober alle zwei Wochen gießen.
- Nach der Blüte im März/April trocken halten.
- Gedüngt wird nur von Mai bis November, und zwar alle zwei Wochen.

WORAUF
MUSS ICH ACHTEN?

- Cymbidien können im Sommer im Halbschatten auf Balkon oder Terrasse stehen.
- Während der Blütezeit nicht austrocknen lassen oder umstellen, sonst fallen die Knospen ab.
- Cymbidien können im Winter auch kühler stehen, z. B. im Schlafzimmer oder hell im Treppenhaus.

WANN
MUSS ICH GIESSEN?

Eingetrocknete Pseudobulben

- Cymbidien brauchen viel Wasser. Besonders die Blüten verdunsten viel Feuchtigkeit und daher kommt es oft vor, dass blühende Exemplare, die man neu gekauft oder bekommen hat, eingeschrumpelte Pseudobulben haben.

Tauchen

- Mit normalem Gießen ist diesem Wassermangel nicht beizukommen.
- Der Wurzelballen muss getaucht werden, damit sich die Wurzeln und die Pseudobulben richtig mit Feuchtigkeit vollsaugen können.

| Basics | Phalaenopsis | Cambria | Miltoniopsis | Cymbidium | Cattleya | Dendrobium | Paphiopedilum | Vanda |

KOSMOS SOFORTHELFER

Cymbidien mögen eine Sommerfrische im Garten oder dem Balkon. Stellen Sie die Pflanze an einen halbschattigen, kühlen Platz. Die frische Luft sowie die niedrigeren Nachttemperaturen sind förderlich für die Blütenentwicklung. Achten Sie darauf, dass sich keine Schnecken und Ameisen in den Topfballen einnisten. Ab Ende September kommen sie wieder ins Haus.

Wurzelballen vollsaugen lassen

- Lassen Sie den Topf mit der Cymbidie ein bis zwei Stunden im Wasser stehen.
- Stellen Sie den Topf so tief ins Wasser, dass es bis über die Substratoberfläche steht.
- Geben Sie dem Wasser keinen Dünger zu!

Pralle Pseudobulben

- Innerhalb relativ kurzer Zeit hat die Pflanze so viel Feuchtigkeit aufgenommen und in den Pseudobulben eingelagert, dass diese wieder dick und prall sind.
- Da sich (links im Bild) bereits ein Neutrieb bildet, darf die Cymbidie nicht austrocknen, damit es nicht zu Wachstumsstockungen kommt.

CYMBIDIUM PROBLEME

WELCHE
SCHÄDEN SIND AM HÄUFIGSTEN?

- Spinnmilben
- Viruserkrankungen
- Schwarze Blattspitzen durch Überdüngung
- Gelbe oder braune Blattspitzen durch trockene Luft
- Schildläuse
- Wollläuse
- Klebrige Tröpfchen an den Blütenknospen

WIE
KANN ICH DAS VERHINDERN?

- Regelmäßig kontrollieren
- Regelmäßig besprühen
- Luftbefeuchter aufstellen
- Wurzelballen einmal wöchentlich (im Sommer) tauchen, im Winter alle zwei Wochen.
- Neue Pflanzen vier Wochen separat stellen. Erst wenn Sie sicher sind, dass sie gesund sind, zu den anderen Pflanzen stellen.

WAS
KANN ICH DAGEGEN TUN?

Spinnmilben

- Spinnmilben treten bei Wärme in Kombination mit trockener Luft auf.
- Das Schadbild äußert sich durch helle Flecken und Punkte auf den Blättern, meistens an den Blattspitzen.
- Pflanze in der Dusche abduschen. Mit Akarizid (im Gartencenter) behandeln.

Viruserkrankungen

- Scharze Streifen auf den Blättern oder ringförmige schwarze Flecken mit gelbem Hof in der Mitte sind ein Zeichen für eine Infektion mit dem Cymbidium-Mosaikvirus oder anderen Pflanzenviren. Diese werden durch Blattläuse und Schnittwerkzeuge übertragen.
- Befallene Pflanzen entsorgen!

| Basics | Phalaenopsis | Cambria | Miltoniopsis | Cymbidium | Cattleya | Dendrobium | Paphiopedilum | Vanda |

KOSMOS
SOFORTHELFER

Die klebrigen Tröpfchen an den Blüten der Orchideen enthalten viel Zucker und locken Ameisen und Blattläuse an, die wiederum andere Krankheiten wie Viren übertragen. Daher sollte man die Tropfen, wenn sie verstärkt auftreten, mit warmem Wasser abspülen und die Pflanze so aufstellen, dass der Unterschied zwischen Tag- und Nachttemperatur nicht mehr als 5 °C beträgt.

Schwarze Blattsitzen

- Glänzend schwarze Blattspitzen sind ein Zeichen von Überdüngung. Die Pflanze lagert überschüssige Nährstoffe in den Blattspitzen ein, bis diese absterben: Wurzelballen tauchen und durchspülen, um überschüssige Salze auszuwaschen.
- Gelbe oder braune Blattspitzen sind ein Zeichen für zu geringe Luftfeuchtigkeit.

Klebrige Tropfen

- An den Blütenstängeln und Knospen erscheinen bei Cymbidien (und auch bei anderen Orchideen!) häufig kleine, klebrige Tropfen. Das ist normal und eigentlich Grund zur Beunruhigung.
- Je größer der Unterschied zwischen Tag- und Nachttemperatur ist, desto größer ist die Produktion dieser zuckerhaltigen Tröpfchen.

CYMBIDIUM UMTOPFEN

WANN
WIRD UMGETOPFT?

- Wenn die neuen Triebe am Topfrand angekommen sind oder über diesen hinauswachsen.
- Wenn sich die neuen Triebe zeigen und gerade 3–5 cm groß sind.
- Am besten direkt nach der Blüte im Frühling ab April.
- Nach dem Umtopfen vier Wochen nicht düngen, erst wenn die neuen Triebe Wurzeln gebildet haben, kann wieder mit dem Düngen begonnen werden.

WAS
BRAUCHE ICH?

- Einen neuen, tiefen und undurchsichtigen Plastiktopf: 5 cm größer als der vorherige.
- Feine Erdorchideenerde oder feine Orchideenerde mit einem Drittel Ausaaterde vermischt.
- Eventuell eine scharfe, saubere Garten- oder Blumenschere, um alte Wurzeln und Blütenstiele abzuschneiden.

WIE
GEHT DAS AM BESTEN?

Tauchen

- Die dicken, fleischigen Wurzeln der Cymbidie sitzen oft so fest am Topfinnenrand fest, dass sich der Ballen erst aus dem alten Topf lösen lässt, wenn er vorher gut durchfeuchtet wurde.

Austopfen

- Ziehen Sie Pflanze aus dem alten Topf heraus. Dazu halten Sie sie an den älteren Pseudobulben fest.
- Achten Sie auf junge Neutriebe. Diese brechen leicht ab.

| Basics | Phalaenopsis | Cambria | Miltoniopsis | Cymbidium | Cattleya | Dendrobium | Paphiopedilum | Vanda |

KOSMOS
SOFORTHELFER

Probieren Sie Cymbidien doch auch einmal als Ampelpflanze aus, wenn sie genug Platz haben. Die langen Blütenrispen werden dann nicht mit einem Stab in der Senkrechten gehalten sondern dürfen, wie es ihrer Natur entspricht, elegant nach allen Seiten überhängen. Für die größeren Hybriden ist dann aber ein Platz von mindestens eineinhalb Metern notwendig.

Neues Substrat einfüllen

- Wenn die Wurzeln gesund sind (weiß und fest), dann wird die Pflanze direkt in einen neuen Topf gestellt. Die Pflanzhöhe ist so zu wählen, dass die Basis der Pseudobulben direkt auf der Substratoberfläche liegt.
- Nach und nach das neue Substrat in den Zwischenraum von Topf und Ballen füllen.

Hell aufstellen

- Nach dem Umtopfen wird die Cymbidie hell aufgestellt. Gegossen wird erst einen Tag nach dem Umtopfen, so können kleinere Verletzungen abtrocknen und abheilen.
- Gedüngt wird erst, wenn die neuen Triebe sichtbare Wurzeln gebildet haben. Die jungen Wurzelspitzen sind sehr empfindlich und vertragen die ersten vier Wochen nur die halbe Düngerkonzentration.

CYMBIDIUM

TEILEN UND VERMEHREN

WANN
WIRD VERMEHRT?

- Wenn die Pflanze so groß ist, dass sie beim Umtopfen geteilt werden kann.
- Jedes Teilstück sollte mindestens drei, besser vier oder mehr Pseudobulben sowie einen oder mehrere Neutriebe aufweisen.
- Die ältesten, blattlose Pseudobulben werden als Rückbulben bezeichnet. Sie können aus schlafenden Knospen (Augen) neu austreiben.

WAS
BRAUCHE ICH?

- Zum Teilen: Einen neuen Plastiktopf, genauso groß wie der vorherige.
- Mittelfeine Erdorchideenerde
- Eine scharfe, saubere Gartenschere oder ein Messer, um den Wurzelballen zu zerteilen.
- Für Rückbulben: Feuchtes Sphagnum-Moos
- Eine durchsichtige Plastiktüte

WIE
TEILE ICH CYMBIDIEN?

Alte Wurzeln kappen

- Nehmen Sie die Pflanze aus dem alten Topf und schneiden Sie das untere Drittel des Wurzelballens mit einem scharfen Messer oder einer Blumenschere ab.
- Lösen Sie das alte Substrat mit den Fingern aus dem Ballen heraus.

Pflanze teilen

- Ziehen Sie die Pflanze auseinander, um die ineinander verwachsenen Pseudobulben zu lösen und um zu erkennen, wo das Rhizom (der Wurzelstock) durchgeschnitten werden kann.
- Trennen Sie die Pflanze in zwei oder mehr möglichst gleichgroße Teilstücke und topfen Sie diese in eigene Töpfe.

WIE
BEWURZELN RÜCKBULBEN?

Rückbulben in Moos setzen

- Alte, unbeblätterte Rückbulben treiben, in feuchtes Sphagnum-Moos gesetzt und in eine Plastiktüte gesteckt, nach einigen Wochen aus schlafenden Knospen (Augen) an der Basis neue Triebe aus.

Neutrieb hegen und pflegen

- Wenn sich der neue Trieb an der Basis der Pseudobulbe zeigt, und sich erste neue Wurzeln gebildet haben, kann die Pflanze aus der Plastiktüte genommen werden.
- Erst wenn der Trieb voll ausgewachsen ist und das Rückstück neue Wurzeln gebildet hat, wird die Pflanze in normales Substrat umgetopft.

EMPFEHLENSWERTE SORTEN

Maureen Carter
(Cymbidium-Hybride)

Blüte
- Gelb oder weiß, je nach Klon
- Bis 7 cm Durchmesser
- An 30–40 cm langen, unverzweigten Rispen

Standort
- Hell, aber keine direkte Sonne, Ost- oder Westfenster

Nach der Blüte
- Stängel zurückschneiden, wenn er eingetrocknet ist.
- Zwei Monate Ruhephase, nur feucht halten.
- Wenn ab Mai neue Triebe erscheinen, alle zwei Wochen düngen.

Mem Amaliae Earhard
(Cymbidium-Hybride)

Blüte
- Braun mit feinen roten Linien, Lippe samtig purpurn
- Bis 9 cm Breite
- An 40–50 cm langen, unverzweigten Rispen

Standort
- Hell, aber keine pralle Sonne, Ost- oder Westfenster

Nach der Blüte
- Stängel abschneiden.
- Zwei Monate Ruhephase einhalten, nur feucht halten, nicht düngen.
- Ab Mai alle zwei Wochen mit Flüssigdünger düngen.

Naturform
(Cymbidium parishii)

Blüte
- Rosa, Lippe mit dunkelroten Flecken
- Bis 6 cm Breite
- An 20–30 cm langen, unverzweigten Rispen

Standort
- Hell, aber keine direkte Sonne, Ost- oder Westfenster

Nach der Blüte
- Stängel abschneiden.
- Zwei Monate Ruhephase, nur feucht halten, dann
- ab Mai alle zwei Wochen düngen.

| Basics | Phalaenopsis | Cambria | Miltoniopsis | **Cymbidium** | Cattleya | Dendrobium | Paphiopedilum | Vanda |

Sandidge Serene
(Cymbidium-Hybride)

Blüte
- Cremefarben, Lippe mit feinen roten Tupfen und gelbem Kallus (Schwielen auf der Lippe)
- Bis 8 cm Breite
- An 40–50 cm langen, unverzweigten Rispen

Standort
- Hell, aber keine pralle Sonne, Ost- oder Westfenster

Nach der Blüte
- Stängel abschneiden.
- Zwei Monate Ruhephase, nur feucht halten, dann
- ab Mai neue Triebe erscheinen, alle zwei Wochen düngen.

Shell Pearl
(Cymbidium-Hybride)

Blüte
- Porzellanrosa mit feiner Äderung, Lippe mit dunkler Zeichnung am Rand
- Bis 10 cm Breite
- An 40–60 cm langen, unverzweigten Rispen

Standort
- Hell, aber keine direkte Sonne, Ost- oder Westfenster

Nach der Blüte
- Stängel abschneiden.
- Zwei Monate Ruhephase, nur feucht halten, dann
- ab Mai alle zwei Wochen mit Flüssigdünger düngen.

Valley Vampire
(Cymbidium-Hybride)

Blüte
- Dunkel weinrot, Lippe im Schlund weiß
- Bis 10 cm Breite
- An 50–60 cm langen, unverzweigten Rispen

Standort
- Hell, aber keine direkte Sonne, Ost- oder Westfenster

Nach der Blüte
- Stängel abschneiden.
- Zwei Monate Ruhephase, nur feucht halten, erst
- ab Mai, wenn neue Triebe erscheinen, alle zwei Wochen mit Flüssigdünger düngen.

SCHÖNHEIT AUS DER NEUEN WELT CATTLEYA

DIE EXOTISCHEN BLÜTEN DER CATTLEYEN VERKÖRPERN WIE WENIGE ANDERE PFLANZEN EXOTIK UND EXKLUSIVITÄT. SIE BLÜHEN ZWAR NUR WENIGE WOCHEN IM JAHR, VIELE DUFTEN BETÖREND UND MANCHE SORTEN BLÜHEN ZWEIMAL, IM FRÜHJAHR UND IM HERBST. DIE BLÜTEN SIND WEISS, ROSA, VIOLETT, ROT, ORANGE ODER GELB, MANCHE AUCH BLÄULICH. DIE LIPPE DER BLÜTE HAT OFT EINE DUNKLERE, FAST SAMTIGE FARBTÖNUNG.

HERKUNFT

Orchideen aus der Verwandtschaft der Cattleyen kommen in Mittel- und Südamerika vor. Sie wachsen in der Natur auf Bäumen und Felsen. Da sie dort nur kurz nach einem Regenguss Feuchtigkeit aufnehmen können, haben sie verdickte Pseudobulben, um Wasser zu speichern.

CATTLEYEN AUF DER FENSTERBANK

Cattleyen gehören zu den etwas anspruchsvolleren Orchideen, da sie eine etwas höhere Luftfeuchtigkeit bevorzugen. Man setzt sie in ein gröberes Substrat, denn die Wurzeln reagieren auf zu viel Nässe sehr empfindlich.

BESONDERHEITEN

Cattleyen wachsen sympodial und bilden jedes Jahr neue Triebe mit einem oder mehreren sehr festen, ledrigen Blättern an der Spitze der Pseudobulben. Bei der Pflege unterscheidet man Sorten mit nur einem Blatt. Sie benötigen vor der Blütezeit eine Ruheperiode, in der sie nicht oder nur ganz wenig gegossen werden, bis sich die Blütenknospen in der (dann trockenen) Blütenscheide am Triebende zeigen. Die zwei- oder mehrblättrigen Sorten bilden ihre Blütenknospen noch beim Triebwachstum in den grünen Blütenscheiden, sie werden erst nach der Blüte weniger gegossen. Zur Züchtung der Cattleyen für die Fensterbank wurden Arten der Gattungen Cattleya, Laelia, Brassavola, Rhyncholaelia, Sophronitis, Encyclia, Epidendrum u. a. verwendet.

CATTLEYA **PFLEGE**

WELCHE
ANSPRÜCHE HABEN CATTLEYEN?

- Temperatur 15–25 °C Luftfeuchtigkeit 60–70 %
- Mittelfeine Orchideenerde aus Rinde
- Je nach Wuchstyp haben Cattleyen unterschiedliche Pflegeansprüche (s. u.).

WORAUF
MUSS ICH ACHTEN?

- <u>Wuchstyp feststellen</u>: Sind die Triebe einblättrig oder mehrblättrige?
- <u>Einblättrige Formen</u> im Januar/Februar vor der Blüte und im Juni/Juli nach der Blüte weniger gießen und nicht düngen. Gedüngt wird nur während des Triebwachstums von August bis Dezember.
- <u>Zwei- und mehrblättrige Formen</u> blühen im Herbst und werden von August bis Februar trockener gehalten. Von März bis Juli während des Triebwachstums einmal wöchentlich gießen und düngen.

WANN
MUSS ICH GIESSEN?

Empfindliche Neutriebe

- <u>Neutriebe</u> sind <u>empfindlich</u> und brechen leicht ab.
- Cattleyen werden <u>erst gegossen</u>, wenn das <u>Substrat ganz ausgetrocknet</u> ist.
- Wenn der Neutrieb wie hier schon am Topfrand angekommen sind, warten, bis die Triebe ausgewachsen sind, erst dann wird umgetopft.

Blüten ausputzen

- <u>Abgeblühte Blütenstände</u> können <u>weggeschnitten</u> werden, da sie nicht ein zweites Mal zur Blüte kommen.
- Dabei den Stängel vorsichtig zwischen den Blättern herausschneiden, ohne diese zu beschädigen.

| Basics | Phalaenopsis | Cambria | Miltoniopsis | Cymbidium | Cattleya | Dendrobium | Paphiopedilum | Vanda |

WIE
ERKENNE ICH DEN WUCHSTYP?

> ## KOSMOS
> ## SOFORTHELFER
> Die Wildformen, aus denen die heutigen Cattleyen für die Fensterbank gezüchtet wurden, zeichnen sich durch deutliche Wachstumsperioden, die sich mit Ruhephasen abgwechseln, aus. Durch die Kreuzung verschiedener Arten mit unterschiedlichen Wachstumsrhythmen wachsen die meisten Hybriden heute das ganze Jahr gleichmäßig und blühen sogar mehrmals jährlich.

Einblättrige Cattleyen

- Sorten dieser Gruppe blühen fast alle nach einer Ruhezeit, in der sie nur wenig oder gar nicht gegossen werden.
- Der Blütentrieb erscheint aus einer trockenen Blattscheide an der Triebspitze.
- Diese darf deshalb nicht entfernt werden!

Zwei oder mehrblättrige Cattleyen

- Cattleyen mit zwei oder mehr Blättern an der Spitze der Pseudobulben blühen meist ohne Ruhezeit, in der sie nur wenig oder gar nicht gegossen werden, aus einer grünen Blattscheide an der Triebspitze.
- Die Blüten erscheinen mit dem wachsenden Blattrieb. Erst nach der Blüte kann die Pflanze etwas trockener gehalten werden, es sei denn es zeigen sich schon wieder neue Triebe.

CATTLEYA PROBLEME

WELCHE
SCHÄDEN SIND AM HÄUFIGSTEN?

- Blattflecken durch Pilze
- Knospenfall durch Zugluft
- Schwarze Hüllblätter durch Pilzinfektionen
- Eingetrocknete Wurzelspitzen durch trockene Luft oder zu viel Dünger
- Schildläuse
- Wollläuse
- Klebrige Tröpfchen an den Blütenknospen

WIE
KANN ICH DAS VERHINDERN?

- Regelmäßig kontrollieren
- Regelmäßig besprühen
- Luftbefeuchter aufstellen
- Bei Befall sofort Gegenmaßnahmen ergreifen und ggf. die befallene Pflanze vernichten.
- Neue Pflanzen vier Wochen separat stellen. Erst wenn Sie sicher sind, dass sie gesund sind, zu den anderen Pflanzen stellen.

WAS
KANN ICH DAGEGEN TUN?

Blattflecken

- Schwarze oder braune, eingesunkene Flecken, die am Anfang nur im Gegenlicht erkennbar sind, sind ein Zeichen von Pilzinfektionen. Da die Pilze in den Blättern im Gewebe leben, kann man sie nur mit systemischen Fungiziden bekämpfen. Lassen Sie sich im Gartencenter beraten.

Knospenfall

- Bei Zugluft oder plötzlichen Temperaturschwankungen kommt es sehr häufig vor, dass die Blüten und Knospen welken und vorzeitig abfallen.
- Da Cattleyen nur zwei bis drei Wochen blühen, müssen knospige Pflanzen, auch zum Transport aus dem Blumenladen, vor Kälte geschützt werden.

KOSMOS SOFORTHELFER

Die häufigsten Insektenschädlinge bei Cattleyen sind Woll- und Schildläuse, die sich meistens unter den Hüllblättern, die die Pseudobulben bedecken und entlang der Blattrippe am Übergang von Blatt und Pseudobulbe ansiedeln. Sie sind nur mit von innen wirkenden, so genannten systemischen Insektiziden, im Gartencenter erhältlich, mit einer mehrmaligen Behandlung zu bekämpfen.

Schwarze Triebbasis

- Sehr oft sieht an Neutriebe, die an der Basis schwarze Hüllblätter haben. Diese trocknen sehr hart ein und die neuen Wurzeln, die aus dem waagrechten Rhizomteil erscheinen, haben Schwierigkeiten, die Hüllblätter zu durchstoßen.
- Sorgen Sie während des Wachstums für eine gleichmäßig hohe Luftfeuchtigkeit.

Eingetrocknete, schwarze Wurzelspitzen

- Die jungen, grünen Wurzelspitzen sind sehr empfindlich und reagieren auf Bestoßung, trockene Luft oder zu hohe Düngerkonzentrationen sofort mit Absterben. Da Orchideenwurzeln nur an der Spitze wachsen, dauert es sehr lange, bis sich an den Seiten neue Wurzelspitzen gebildet haben.
- Wenn die Wurzeln, wie hier schon über den Topfrand wachsen, ist es außerdem höchste Zeit, umzutopfen.

CATTLEYA UMTOPFEN I

WANN
WIRD UMGETOPFT?

- Im Frühjahr ab März/April
- Wenn der Neutrieb ausgereift ist
- Nach der Blüte, bevor neue Triebe erscheinen.

WAS
BRAUCHE ICH?

- Einen neuen, etwas größeren durchsichtigen Plastiktopf
- Mittelgrobes bis grobes Rindensubstrat
- Blumenschere zum Abschneiden toter und verletzter (abgeknickter Wurzeln

WIE
GEHT DAS AM BESTEN?

Der richtige Zeitpunkt
- Wenn der Neutrieb am Topfrand angekommen ist oder über ihn hinauswächst, wird umgetopft. Am besten wächst die Cattleye weiter, wenn die welken Blüten gerade abgefallen sind, kurz vor der Bildung eines neuen Triebs.

Austopfen
- Vorsichtig die Orchidee aus dem alten Topf ziehen. Sind Wurzeln durch die Löcher am Boden gewachsen, werden diese abgeschnitten.

| Basics | Phalaenopsis | Cambria | Miltoniopsis | Cymbidium | Cattleya | Dendrobium | Paphiopedilum | Vanda |

KOSMOS
SOFORTHELFER

Wenn sich der Wurzelballen nicht aus dem Topf löst, weil die Wurzeln an der Innenwand festgewachsen sind, hilft es, den Ballen zu tauchen und den Topfrand leicht zusammenzudrücken. Wichtig beim Aus- und Umtopfen ist es, darauf zu achten, dass die Wurzeln so wenig wie möglich knicken oder gar brechen, denn beschädigte Wurzeln sterben unweigerlich ab.

Substrat auslösen

- Mit den Fingern lösen Sie das alte Substrat vorsichtig aus dem Ballen. Dabei sollten die Wurzeln so wenig wie möglich geknickt werden, denn abgeknickte Wurzeln gehen ein.

Abgestorbene Wurzeln

- Diese werden so gut es geht entfernt. Man erkennt sie an der dunklen Farbe. Außerdem lassen sie sich zwischen den Fingern leicht zusammendrücken. Lebende Wurzeln sind fest und hell.

Weiter geht es auf der nächsten Seite ...

CATTLEYA UMTOPFEN II

KOSMOS SOFORTHELFER

Frisch umgetopfte Orchideen sollten nicht sofort gedüngt werden, da sie in den Pseudobulben genug Reservestoffe haben, die zur Bildung der neuen Wurzeln und Triebe ausreichen. Erst, wenn neue Triebe und Wurzeln erscheinen, wird nach und nach mit dem Düngen begonnen. Ein Viertel bis die Hälfte der normalen Konzentration reicht anfangs völlig aus.

WIE
GEHT ES WEITER?

Abgeknickte und abgestorbene Wurzeln

- Diese werden mit einer scharfen Blumenschere abgeschnitten. Die Schere muss sauber sein. Wenn man mit ihr vorher andere Pflanzen geschnitten hat, muss sie unter kochendem Wasser oder mit Spiritus sterilisiert werden.

Neues Substrat einfüllen

- Einige grobe Rindenstücke in den Topf füllen. Die Cattleye mit der einen Hand am Rhizom festhalten und in den Topf stellen. Mit der anderen Hand das Rindensubstrat einfüllen.

| Basics | Phalaenopsis | Cambria | Miltoniopsis | Cymbidium | Cattleya | Dendrobium | Paphiopedilum | Vanda |

- Mit den Fingern die Rindenbrocken vorsichtig zwischen die Wurzeln drücken, bis die Pflanze fest sitzt. Gegebenenfalls immer wieder etwas Orchideensubstrat nachfüllen.

Fertig umgetopft

- Die fertig umgetopfte Pflanze muss fest im Topf stehen, damit die neuen Wurzeln nicht durch Wackeln beschädigt werden. Einen Tag trocken stehen lassen, dann tauchen und normal gießen. Gedüngt wird erst, wenn der Neutrieb 10–15 cm groß ist und neue Wurzeln gebildet hat.

CATTLEYA TEILEN

WANN
WIRD UMGETOPFT?

- Im Frühjahr
- Wenn der Neutrieb ausgereift ist.
- Wenn die Pflanze so groß ist, dass jedes Teilstück mindestens vier Pseudobulben hat.
- Nach der Blüte

WIE
GEHT DAS AM BESTEN?

Austopfen

- Die Pflanze vorsichtig aus dem Topf ziehen, evtl. vorher den Ballen anfeuchten, und den Topf mit den Fingern eindrücken, damit sich die Wurzeln lösen.

Substrat entfernen

- Das alte Substrat von den Wurzeln lösen und die Pflanze auseinanderziehen, um das Rhizom in der Mitte teilen zu können.

WAS
BRAUCHE ICH?

- Einen neuen, etwas größeren oder gleichgroßen, durchsichtigen Plastiktopf
- Mittelgrobes bis grobes Rindensubstrat
- Desinfizierte Blumenschere

| Basics | Phalaenopsis | Cambria | Miltoniopsis | Cymbidium | Cattleya | Dendrobium | Paphiopedilum | Vanda |

KOSMOS
SOFORTHELFER

Wenn die Teilstücke zu klein sind, also nur ein oder zwei Pseudobulben haben, besteht die Gefahr, dass die Pflanze eingeht. Zu kleine Stücke oder alte, unbewurzelte Rückbulben steckt man mit Sphagnum-Moos in eine durchsichtige Plastiktüte und stellt sie hell auf, aber nicht in die Sonne, bis sich ein neuer Trieb und neue Wurzeln gebildet haben.

Teilstücke trennen

- Das Rhizom mit einer <u>scharfen, sauberen Blumenschere</u> so durchschneiden, dass zwei oder mehr, etwa gleichgroße Teilstücke entstehen. Jedes Stück sollte <u>mindestens vier, besser fünf Pseudobulben</u> haben.

Eintopfen

- Die <u>Teilstücke</u> in <u>separate Töpfe</u> setzen, mit Substrat auffüllen, andrücken und nach einem Tag gießen oder tauchen.

CATTLEYA ZWEI- UND MEHRBLÄTTRIGE SORTEN

Gold Digger
(Laeliocattleya-Hybride)

Blüte
- Gelb, Lippe im Schlund dunkelrot
- Bis 7 cm breit
- An 5–12 cm langen, unverzweigten Rispen

Standort
- Hell, aber keine direkte Sonne, Südost-, Südwest- oder Westfenster

Nach der Blüte
- Welkes abschneiden.
- Zwei Monate Ruhephase, nur feucht halten, ab März während des Wachstums alle drei Wochen düngen.

Sophrolaeliocattleya
(Mem. Leona Jones × Gratrixiae)

Blüte
- Orangerot, Lippe rosa, Schlund weiß
- Bis 9 cm breit
- An 5–12 cm langen, unverzweigten Rispen

Standort
- Hell, aber keine direkte Sonne, Südost-, Südwest- oder Westfenster

Nach der Blüte
- Stängel wegschneiden.
- Zwei Monate Ruhephase, nur feucht halten, wenn ab Juli neue Triebe erscheinen, alle drei Wochen düngen.

Tropical Pointer
(Laeliocattleya-Hybride)

Blüte
- Weißlich rosa, Spitzen dunkler überhaucht, Lippe violett
- Bis 8 cm breit
- An 5–15 cm langen, unverzweigten Rispen

Standort
- Hell, aber keine direkte Sonne, Südost-, Südwest- oder Westfenster

Nach der Blüte
- Welkes abschneiden.
- Zwei Monate Ruhephase, nur feucht halten, wenn ab März neue Triebe erscheinen, alle drei Wochen düngen.

CATTLEYA **EINBLÄTTRIGE SORTEN**

Cattleya
(Cattleya-Hybride)

Blüte
- Reinrosa, Lippe dunkler, Schlund kräftig gelb
- Bis 15 cm breit
- An 8–10 cm langen, unverzweigten Rispen

Standort
- Hell, aber keine direkte Sonne, Südost-, Südwest- oder Westfenster

Nach der Blüte
- Stängel zurückschneiden.
- Zwei Monate Ruhephase, nur feucht halten, ab August alle drei Wochen düngen.

Alma Kee
(Laeliocattleya-Hybride)

Blüte
- Gelb, Lippe dunkelrot
- Bis 12 cm breit
- An 8–10 cm langen, unverzweigten Rispen

Standort
- Hell, aber keine direkte Sonne, Südost-, Südwest- oder Westfenster

Nach der Blüte
- Welkes abschneiden
- Zwei Monate Ruhephase, nur feucht halten.
- Wenn ab August neue Triebe erscheinen, alle drei Wochen düngen.

White Spark Panda
(Brassolaeliocattleya-Hybride)

Blüte
- Weiß, Petalen rosa mit weißer Mittelrippe, Lippe violett mit gelbem Schlund
- Bis 20 cm breit
- An 8–15 cm langen Rispen

Standort
- Hell, aber keine direkte Sonne, Südost-, Südwest- oder Westfenster

Nach der Blüte
- Stängel zurückschneiden.
- Zwei Monate Ruhephase, nur feucht halten, wenn ab August neue Triebe erscheinen, alle drei Wochen düngen.

CATTLEYA VERWANDTE ARTEN UND FORMEN

Morning Glory
(Brassolaelia-Hybride)

Blüte
- Weiß, Lippe groß mit feiner rosa Äderung
- Bis 10 cm breit
- An 15–20 cm langen, unverzweigten Rispen

Standort
- Hell, aber keine direkte Mittagssonne, Südost-, Südwest- oder Westfenster

Nach der Blüte
- Stängel zurückschneiden.
- Wöchentlich gießen.
- Wenn ab April neue Triebe erscheinen, alle drei Wochen düngen.

Naturform
(Prosthechea syn. Encyclia cochleata)

Blüte
- Cremefarben, Lippe auf dem Kopf stehend, samtig blutrot
- Bis 6 cm breit
- An 12–15 cm langen, unverzweigten Rispen

Standort
- Hell, aber keine direkte Mittagssonne, Südost-, Südwest- oder Westfenster

Nach der Blüte
- Stängel zurückschneiden, wenn er eingetrocknet ist.
- Wöchentlich gießen, wenn ab April neue Triebe erscheinen, alle drei Wochen düngen.

Fireball
(Epicattleya-Hybride)

Blüte
- Orange, Lippe gelb mit roter Mitte
- Bis 7 cm breit
- An 20–30 cm langen, unverzweigten Rispen

Standort
- Hell, aber keine direkte Mittagssonne, Südost-, Südwest- oder Westfenster

Nach der Blüte
- Stängel zurückschneiden, wenn er eingetrocknet ist.
- Wöchentlich gießen, wenn ab April neue Triebe erscheinen, alle drei Wochen düngen.

| Basics | Phalaenopsis | Cambria | Miltoniopsis | Cymbidium | Cattleya | Dendrobium | Paphiopedilum | Vanda |

Naturform
(Prosthechea syn. Encyclia vitellina)

Blüte
- Leuchtend orange
- Bis 5 cm Durchmesser
- An 15–25 cm langen, unverzweigten Rispen

Standort
- Hell, aber keine direkte Mittagssonne, Südost-, Südwest- oder Westfenster

Nach der Blüte
- Stängel zurückschneiden, wenn er eingetrocknet ist.
- Wöchentlich gießen.
- Im Winter unbedingt kühler bei max. 18 °C aufstellen.

Naturform
(Epidendrum radicans)

Blüte
- Rot, orange, gelb, rosa oder weiß
- Bis 2 cm breit
- An 30–50 cm langen, unverzweigten Rispen

Standort
- Hell, aber keine direkte Mittagssonne, Südost-, Südwest- oder Westfenster

Nach der Blüte
- Stängel zurückschneiden, wenn er eingetrocknet ist.
- Wöchentlich gießen/sprühen.
- Das ganze Jahr über alle drei Wochen düngen.

Naturform
(Epidendrum stamfordianum)

Blüte
- Grün mit rotbrauner Zeichnung, Lippe rosa und grünbraun
- Bis 2 cm breit
- An 20–30 cm langen, unverzweigten Rispen

Standort
- Hell, aber keine direkte Mittagssonne, Südost-, Südwest- oder Westfenster

Nach der Blüte
- Stängel abschneiden.
- Wöchentlich gießen.
- Wenn neue Triebe erscheinen, alle drei Wochen düngen.

DENDROBIUM

DIE 12 SCHNELLSTEN ANTWORTEN

DIE AUF DEN BÄUMEN LEBEN *DENDROBIUM*

DENDROBIEN GEHÖREN ZUR ARTENREICHSTEN GATTUNG UNTER DEN ORCHIDEEN, JE NACH AUFFASSUNG ZÄHLT MAN MEHR ALS 1200 ARTEN ZUR VERWANDTSCHAFT. WÄHREND VIELE NATURFORMEN SEHR GROSS WERDEN UND FÜR DIE FENSTERBANK WENIG ATTRAKTIV SIND, GIBT ES UNTER DEN HYBRIDEN UND ZÜCHTUNGEN VIELE KOMPAKTERE FORMEN, DIE ZUDEM SEHR REICH BLÜHEN.

HERKUNFT

Dendrobien sind über ein riesiges Gebiet von Indien über Indochina, Südchina, Japan, ganz Indonesien und Malaysia, die Philippinen über Neuguinea bis nach Australien und auf den pazifischen Inseln verbreitet. Sie wachsen epiphytisch auf Bäumen oder lithophytisch auf Felsen.

DENDROBIEN AUF DER FENSTERBANK

Für die Fensterbank kommen zwei Gruppen in Frage, zum einen die Dendobium-Nobile-Hybriden, die es etwas kühler mögen und im Winter nicht gegossen werden, zum anderen die Dendrobium-Phalaenopsis-Hybriden, die wärmere Temperaturen bevorzugen und keine Ruhezeit einlegen. Ähnlich werden die neueren Sorten der „Antilopen-Dendrobien" mit ihren gedrehten Blüten kultiviert. Die kleinen kompakten Dendrobium-Kingianum-Sorten werden wie die Nobile-Hybriden gepflegt.

BESONDERHEITEN

Entsprechend der großen Artenzahl der Gattung gibt es eine riesige Fülle an Sorten, die kleinsten werden nur wenige Zentimeter groß, andere erreichen durchaus einen Durchmesser von einem halben Meter und mehr. Das Farbspektrum reicht von Reinweiß über Creme, Zartrosa, Rosa und Pink bis samtig Violett, auch Gelb und Orange sind vertreten sowie violettblaue und graublaue Töne. Der botanische Name Dendrobium verweist auf die Lebensweise – griechisch heißt „dendros" Baum, „bios" Leben. Dendrobium also „auf Bäumen lebend".

DENDROBIUM **PFLEGE**

WELCHE
ANSPRÜCHE HABEN DENDROBIEN?

- Temperatur je nach Wuchstyp 10–20 °C oder 15–25 °C Luftfeuchtigkeit 50–70 %
- Mittelfeines Rindensubstrat
- Je nach Wuchstyp unterschiedliche Pflegeansprüche (s.u.)

WORAUF
MUSS ICH ACHTEN?

- Wuchstyp feststellen: Sind die Triebe eher an der Spitze beblättert (Phalaenopsis-Typ) oder am ganzen Trieb (Nobile-Typ)?
- <u>Dendrobium-Phalaenopsis-Formen:</u> Das ganze Jahr gießen, von April bis Oktober einmal pro Woche, alle zwei Wochen düngen. Von November bis März während der Blütezeit nur alle zwei Wochen gießen und nur einmal im Monat düngen.
- <u>Dendrobium-Nobile-Formen:</u> Von Januar bis März während der Blütezeit nur alle drei Wochen gegossen, von April bis August wöchentlich und alle zwei Wochen gedüngt, dann trockener halten und von Oktober bis Dezember kühl und komplett trocken halten.

WANN
MUSS ICH GIESSEN?

Tauchen

- Sowohl Dendrobien des Nobile- als auch des Phalaenopsis-Typs <u>taucht</u> man besser. Dadurch kommt das Wasser bzw. die Düngerlösung direkt an alle Wurzeln im Topf und läuft nicht einfach durch das Substrat durch in den Untersetzer.
- Getaucht wird <u>immer dann</u>, wenn der <u>Wurzelballen trocken</u> ist.

Verblühtes abschneiden

- Die Blütenstiele sowohl der Phalaenopsis- als auch der Nobile-Hybriden <u>blühen kein zweites Mal</u>, deshalb kann man sie, nachdem die welken Blüten abgefallen sind, getrost <u>abschneiden</u>.

WORAN
ERKENNE ICH DEN WUCHSTYP?

KOSMOS SOFORTHELFER

Dendrobien haben, je nach Wuchstyp, völlig unterschiedliche Wachstumsrhythmen und Temperaturbedürfnisse. Während die Phalaenopsis-Typen ganzjährig Wärme lieben, müssen die Nobile-Hybriden kühler gehalten werden und dürfen im Sommer ab Mitte Mai bis Mitte Oktober auch im Freien stehen. Die kühlen Nachttemperaturen regen die Blütenbildung an.

Dendrobium-Nobile-Hybriden
- Die Blüten erscheinen an kurzen Trieben zwischen den Blättern.
- Die Triebe sind meist von unten bis oben beblättert.
- Sie werfen die Blätter nach der Blüte ab.
- Sie bevorzugen kühlere Temperaturen und brauchen eine Ruhezeit.

Dendrobium-Phalaenopsis-Hybriden
- Die Blüten sitzen an langen Stielen, die aus der Spitze der Triebe wachsen. Die Blütenform erinnert etwas an die der Malaienblume (Phalaenopsis).
- Die Triebe sind meist nur im oberen Drittel beblättert und sie werfen die Blätter nicht ab.
- Sie bevorzugen wärme Temperaturen und brauchen keine Ruhezeit.

DENDROBIUM **PROBLEME**

WELCHE
SCHÄDEN SIND AM HÄUFIGSTEN?

- Schild- und Wollläuse
- Blattläuse an den Blütenknospen
- Blattflecken durch Pilze

WIE
KANN ICH DAS VERHINDERN?

- Regelmäßig kontrollieren
- Regelmäßig besprühen
- Luftbefeuchter aufstellen
- Bei Befall sofort Gegenmaßnahmen ergreifen und ggf. die befallene Pflanze vernichten.
- Neue Pflanzen vier Wochen separat stellen. Erst wenn Sie sicher sind, dass sie gesund sind, zu den anderen Pflanzen stellen.

WAS
KANN ICH DAGEGEN TUN?

Schildläuse und Wollläuse

- In den engen Blattachseln siedeln sich gerne Schild- und Wollläuse an. Kontrollieren Sie neue Pflanzen genau.
- Bei Befall ein systemisches Spritzmittel (aus dem Gartencenter) einsetzen.

Blattläuse

- An den zarten Blütenknospen und der Spitze des Blütentriebs saugen oft Blattläuse. Dadurch kann es zu verkrüppelten Blüten und Missbildungen des Blütenstiels kommen.
- Unter warmem Wasser abduschen.

| Basics | Phalaenopsis | Cambria | Miltoniopsis | Cymbidium | Cattleya | Dendrobium | Paphiopedilum | Vanda |

Alte Triebe NICHT abschneiden

- Leider sieht man bei Pflanzen der Nobile-Hybriden aus Gärtnereien immer wieder, dass die alten, blattlosen Pseudobulben aus optischen Gründen abgeschnitten werden.
- Sie sind eine wertvolle Reserve für die Orchidee und sollten NICHT abgeschnitten werden.

Gelbe Blätter

- Vergilbte Blätter erst dann entfernen, wenn sie sich wie von alleine vom Trieb lösen lassen.
- Sitzen sie noch fest, besteht die Gefahr, dass man die Pseuobulben beim Abziehen verletzt.

DENDROBIUM-PHALAENOPSIS-SORTEN **UMTOPFEN**

WANN
WIRD UMGETOPFT?

- Im Frühjahr im April
- Nach der Blüte
- Wenn der Neutrieb ausgereift ist.

WAS
BRAUCHE ICH?

- Einen neuen, etwas größeren durchsichtigen Plastiktopf
- Mittelgrobes bis feines Rindensubstrat
- Eine Blumenschere zum Teilen oder Abschneiden toter Wurzeln.

WIE
GEHT DAS AM BESTEN?

Austopfen

- Die Pflanze vorsichtig aus dem alten Topf ziehen.
- Wenn sich die Wurzeln nicht von der Topfinnenwand lösen, den ganzen Ballen in Wasser tauchen und die Topfwand vorsichtig mit den Fingern eindrücken.

Substrat entfernen

- Das alte Substrat vorsichtig mit den Fingern von den Wurzeln lösen.
- Dabei diese nicht knicken, denn geknickte Wurzeln faulen leicht und sterben dann ab. Festsitzende Rindenstücke einfach an den Wurzeln belassen.

| Basics | Phalaenopsis | Cambria | Miltoniopsis | Cymbidium | Cattleya | Dendrobium | Paphiopedilum | Vanda |

KOSMOS SOFORTHELFER

Damit die frisch getopfte Orchidee gut anwächst, sollte sie nach dem Umtopfen so wenig wie möglich bewegt werden. Daher gießt man mit einer kleinen Ballbrause, damit das Wasser das Substrat gleichmäßig durchfeuchtet. Getaucht wird erst dann, wenn sich die neuen Wurzeln so fest im Substrat verankert haben, dass die Pflanze nicht mehr hin- und herwackelt.

Eintopfen

- Die Pflanze in den neuen Topf stellen und <u>frisches Substrat einfüllen</u>. Dabei die Pflanze festhalten, damit sie <u>nicht</u> im Topf <u>hin- und herwackelt</u>.

Substrat gut festdrücken

- Mit den <u>Fingern</u> das Rindensubstrat in alle Winkel und Hohlstellen zwischen den Wurzeln drücken. Man kann auch ein Pikerstäbchen nehmen, <u>mit den Fingern hat man aber mehr Gefühl</u>.

DENDROBIUM-NOBILE-SORTEN # UMTOPFEN UND TEILEN

WANN
WIRD UMGETOPFT?

- Im Frühjahr im April
- Nach der Blüte
- Bevor der Neutrieb erscheint.

WIE
GEHT DAS AM BESTEN?

Austopfen und teilen

- Nehmen Sie Pflanze vorsichtig aus dem alten Topf. Wenn die Pflanze groß genug ist, kann sie beim Umtopfen geteilt werden.
- Jedes Teilstück sollte einen Neutrieb und mehrere ältere Pseudobulben besitzen.

Teilstücke trennen

- Ziehen Sie die Teilstücke mit den Händen vorsichtig auseinander.
- Meistens trennen sich die Pseudobulben von alleine, wenn nicht, werden sie mit einer scharfen Blumenschere auseinander geschnitten.

WAS
BRAUCHE ICH?

- Einen neuen, etwas größeren durchsichtigen Plastiktopf
- Mittelgrobes bis feines Rindensubstrat
- Eine Blumenschere zum Teilen oder Abschneiden toter Wurzeln.

| Basics | Phalaenopsis | Cambria | Miltoniopsis | Cymbidium | Cattleya | Dendrobium | Paphiopedilum | Vanda |

Eintopfen

- Halten Sie das Teilstück, das von altem Substrat befreit ist, in den neuen Topf und füllen Sie das frische Substrat ein.
- Dabei immer wieder die Substrat- und Rindenstückchen mit den Fingern zwischen den Wurzeln verteilen, damit die Pflanze fest im Topf steht.

Frisch umgetopft

- Bedingt durch die Wuchsform ist die Pflanze sehr kopflastig und kippt leicht um. Stecken Sie noch einen Stützstab direkt am Rhizom in den Topf bis zum Topfboden und binden Sie den älteren Trieb mit kunststoffummanteltem Blumendraht an den Stab.
- Der Neutrieb darf nicht angebunden werden, er würde abbrechen.

DENDROBIUM VERMEHREN DURCH KINDEL

WANN
WIRD VERMEHRT?

- Am besten im Frühjahr ab April
- Nach der Blüte
- Wenn die Kindel fast von alleine von der Mutterpflanze abfallen.

WAS
BRAUCHE ICH?

- Einen durchsichtigen Plastiktopf
- Spagnum-Moos

WIE
GEHT DAS AM BESTEN?

Kindel

- Besonders bei Dendrobium-Kingianum- und Dendrobium-Phalaenopsis-Sorten bilden sich an älteren Trieben an den Blattbasen Tochterpflanzen. Wenn sie groß genug sind, können Sie diese von der Mutterpflanze trennen.

Kindel abtrennen

- Wenn die Tochterpflanze, auch Kindel genannt, eigene Wurzeln gebildet hat und sich fast von alleine von der Mutterpflanze lösen lässt, trennt man sie vorsichtig, indem man das Kindel von der alten Pseudobulbe abzieht.

| Basics | Phalaenopsis | Cambria | Miltoniopsis | Cymbidium | Cattleya | Dendrobium | Paphiopedilum | Vanda |

KOSMOS
SOFORTHELFER

Kindel oder Keiki treten nicht nur bei Dendrobien, sondern auch bei Epidendren und manchmal bei Phalaenopsis auf. Sie sind eine einfache Art der Vermehrung, denn man hat von Anfang an wüchsige, gut bewurzelte Jungpflanzen. Warten Sie auf jeden Fall so lange mit dem Abtrennen, bis der Kindel genug eigene Wurzeln gebildet hat und sich praktisch von alleine löst.

Eintopfen

- Einen oder, wie hier, mehrere Kindel in einen Topf mit feuchtem Spagnum-Moos stecken.
- Das Sphagnum-Moos fördert die Bildung neuer Wurzeln.

Erste Pflege

- Wenn sich nach einiger Zeit neue Wurzeln und die Kindel neue Triebe gebildet haben, kann man sie in gröberes Rindensubstrat umpflanzen.

DENDROBIUM NOBILE-TYPEN

Naturform
(Dendrobium nobile)

Blüte
- Weiß mit rosa Spitzen, Lippe mit samtig violettem Schlund
- Bis 5 cm breit
- In den Blattachseln entlang des Triebs

Standort
- Hell, aber keine direkte Mittagssonne, Ost-, Südwest- oder Westfenster

Nach der Blüte
- Wöchentlich gießen.
- Von Mai bis September alle drei Wochen düngen, dann drei Monate bis Dezember kühl stellen und nicht gießen.

Christmas Cheer
(Dendrobium-Nobile-Hybride)

Blüte
- Weiß mit rosa Spitzen, Lippe gelb mit violettem Schlund
- Bis 6 cm breit
- In den Blattachseln entlang des Triebs

Standort
- Hell, aber keine direkte Mittagssonne, Ost-, Südwest- oder Westfenster

Nach der Blüte
- Wöchentlich gießen.
- Von Mai bis September alle drei Wochen düngen, dann drei Monate bis Dezember kühl stellen und nicht gießen.

Naturform
(Dendrobium kingianum)

Blüte
- Rosa, violett oder weiß
- Bis 2,5 cm breit
- An 10–15 cm langen, unverzweigten Rispen aus den Blattachseln im oberen Triebbereich

Standort
- Hell, aber keine direkte Sonne, Ost- oder Westfenster

Nach der Blüte
- Wöchentlich gießen.
- Ab Mai bis September alle drei Wochen düngen, dann drei Monate bis Dezember kühl stellen und nicht gießen.

UND VERWANDTE FORMEN

Naturform
(Dendrobium densiflorum)

Blüte
- Gelb, Lippe orange
- Bis 4 cm breit
- In den Blattachseln entlang des Triebs

Standort
- Hell, aber keine direkte Sonne, Ost-, Südwest- oder Westfenster

Nach der Blüte
- Wöchentlich gießen.
- Von Mai bis September alle drei Wochen düngen, dann drei Monate bis Dezember kühl stellen und nicht gießen/düngen.

Stardust
(Dendrobium-Hybride)

Blüte
- Gelb, Lippe mit orangefarbenem Fleck
- Bis 4 cm breit
- In den Blattachseln entlang des Triebs

Standort
- Hell, aber keine direkte Mittagssonne, Ost-, Südwest- oder Westfenster

Nach der Blüte
- Wöchentlich gießen.
- Von Mai bis September alle drei Wochen düngen, dann drei Monate bis Dezember kühl stellen und nicht gießen.

Naturform
(Dendrobium cuthbertsonii)

Blüte
- Weiß, creme, gelb, orange, rot, rosa, violett, auch zweifarbig
- Bis 2 cm breit
- Aus der Triebspitze

Standort
- Halbschattig, keine direkte Sonne, Ost- oder Westfenster

Nach der Blüte
- Mindestens einmal wöchentlich tauchen und täglich besprühen, braucht sehr hohe Luftfeuchte und viel Frischluft.
- Von März bis Oktober alle vier Wochen extrem schwach düngen, keine Ruhezeit.

DENDROBIUM PHALAENOPSIS-TYPEN

Blue Queen
(Dendrobium-Phalaenopsis-Hybride)

Blüte
- Blauviolett
- Bis 6 cm breit
- An langen, unverzweigten Rispen aus der Triebspitze

Standort
- Hell, aber keine direkte Mittagssonne, Ost-, Südwest- oder Westfenster

Nach der Blüte
- Wöchentlich gießen.
- Von April bis Oktober alle zwei Wochen düngen, dann während der nächsten Blütezeit weniger gießen.

Biggibum-Typ
(Dendrobium-Biggibum-Hybride)

Blüte
- Hell- bis dunkelrosa
- Bis 5 cm breit
- An langen, unverzweigten Rispen aus der Triebspitze

Standort
- Hell, aber keine direkte Mittagssonne, Ost-, Südwest- oder Westfenster

Nach der Blüte
- Wöchentlich gießen.
- Von April bis Oktober alle zwei Wochen düngen, dann während der nächsten Blütezeit weniger gießen.

Pompadour
(Dendrobium-Phalaenopsis-Hybride)

Blüte
- Samtig dunkelrosa, Rückseite heller
- Bis 7 cm breit
- An langen, unverzweigten Rispen aus der Triebspitze

Standort
- Hell, aber keine direkte Mittagssonne, Ost-, Südwest- oder Westfenster

Nach der Blüte
- Wöchentlich gießen.
- Von April bis Oktober alle zwei Wochen düngen, dann während der nächsten Blütezeit weniger gießen.

UND VERWANDTE FORMEN

Schroederianum-Typ
(Dendrobium-Phalaenopsis-Hybride)

Blüte
- Weiß mit zartvioletten Petalenspitzen und Lippe
- Bis 6 cm breit
- An langen, unverzweigten Rispen aus der Triebspitze

Standort
- Hell, aber keine direkte Mittagssonne, Ost-, Südwest- oder Westfenster

Nach der Blüte
- Wöchentlich gießen.
- Von April bis Oktober alle zwei Wochen düngen, dann während der nächsten Blütezeit weniger gießen.

Emma Green
(Dendrobium-Phalaenopsis-Hybride)

Blüte
- Gelbgrün mit samtig violetter Lippe
- Bis 6 cm breit
- An langen, unverzweigten Rispen aus der Triebspitze

Standort
- Hell, aber keine direkte Mittagssonne, Ost-, Südwest- oder Westfenster

Nach der Blüte
- Wöchentlich gießen.
- Von April bis Oktober alle zwei Wochen düngen, dann während der nächsten Blütezeit weniger gießen.

Alexandrae
(Dendrobium-Alexandrae-Hybride)

Blüte
- Grünlich mit brauner Zeichnung, gekräuselte Blüten
- Bis 8 cm breit
- An langen, unverzweigten Rispen aus der Triebspitze

Standort
- Hell, aber keine direkte Mittagssonne, Ost-, Südwest- oder Westfenster

Nach der Blüte
- Wöchentlich gießen.
- Von April bis Oktober alle zwei Wochen düngen, dann während der nächsten Blütezeit weniger gießen.

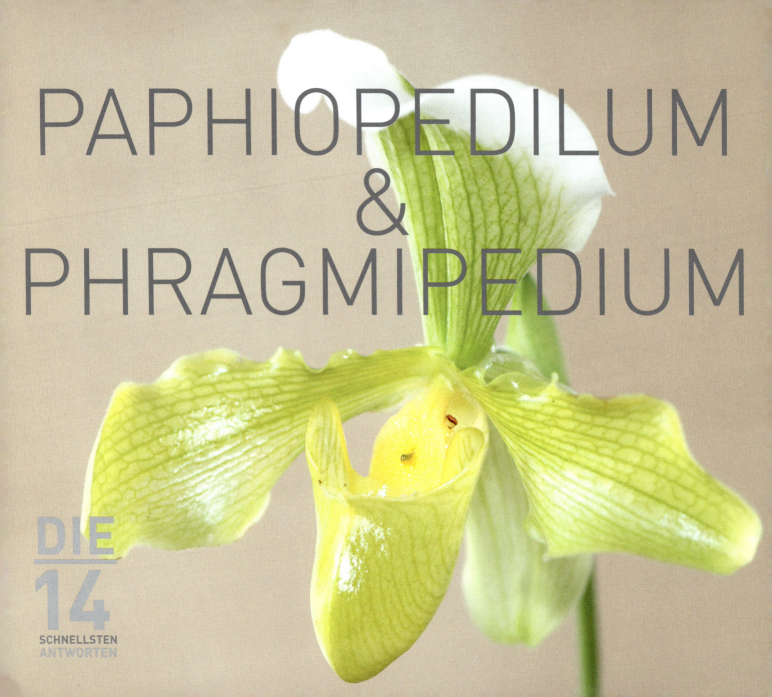

PAPHIOPEDILUM & PHRAGMIPEDIUM

DIE 14 SCHNELLSTEN ANTWORTEN

VENUS- UND FRAUENSCHUHE

PAPHIOPEDILUM & PHRAGMIPEDIUM

VENUS- ODER FRAUENSCHUHE SIND MIT IHRER PRÄGNANTEN, SCHUH- ODER BEUTELFÖRMIGEN LIPPE UNVERKENNBAR UNTER DEN ORCHIDEEN. DER EINHEIMISCHE FRAUENSCHUH (CALCEOLARIA CALCEOLARIA) EIGNET SICH NICHT FÜR DIE FENSTERBANK, DAFÜR GEDEIHEN DIE ASIATISCHEN ARTEN UND FORMEN (PAPHIOPEDILUM) UND DIE SÜDAMERIKANISCHEN (PHRAGMIPEDIUM) RECHT GUT IM ZIMMER.

HERKUNFT

Die tropischen Venusschuhe kommen in Mittel- und Südamerika (Gattung Phragmipedium) und im tropischen Asien (Gattung Paphiopedilum) vor. Sie wachsen terrestrisch, also am Boden, oder epiphytisch auf bemoosten Ästen und in Humuspolstern.

VENUSSCHUHE AUF DER FENSTERBANK

Kalkarmes Wasser, eine Luftfeuchtigkeit zwischen 50 und 70 % und ein heller Platz an einem Nordost-, Nordwest-, West- oder Ostfenster sind für diese Orchideengruppe ideal. Während asiatische Arten (Paphiopedilum) wie fast alle anderen Orchideen empfindlich auf Staunässe reagieren und an den Wurzeln faulen, lieben die südamerikanischen Formen einen „nassen Fuß" – bei ihnen darf immer etwas Wasser im Untersetzer stehen.

BESONDERHEITEN

Venusschuhe wachsen sympodial, d. h. sie bilden jedes Jahr einen oder zwei neue Triebe aus einem kompakten Wurzelstock. Sie haben keine Pseudobulben. Die Blütentriebe erscheinen in den Blattachseln der Fächer. Bei manchen Arten und Sorten, den so genannten Revolverblühern, werden an der Spitze des Blütentriebs immer wieder neue Knospen gebildet. Erst wenn die Spitze des Blütenstiels eingetrocknet ist, kann er abgeschnitten werden.
Die schuhförmig ausgeprägte Lippe ist eine raffinierte Bestäubungsfalle für Insekten. Sie werden vom glänzenden Schild in der Blütenmitte angelockt, fallen in den Schuh und streifen beim Herauskrabbeln seitlich an den Bestäubungsorganen vorbei.

PAPHIOPEDILUM UND PHRAGMIPEDIUM **PFLEGE**

WELCHE
ANSPRÜCHE HABEN VENUSSCHUHE?

- Temperatur 15–25 °C Luftfeuchtigkeit 50–70 %
- Mittelfeine Erdorchideenerde aus Rinde und Torf
- Je nach Herkunft unterschiedliche Pflegeansprüche (s.u.)

WORAUF
MUSS ICH ACHTEN?

- Paphiopedilum haben abgerundete Blattspitzen und bevorzugen Temperaturen zwischen 15–20 °C. Im Sommer einmal pro Woche gießen, alle zwei Wochen düngen, ab Oktober bis Februar zur Blütezeit einmal im Monat düngen. Keine direkte Sonne: Sonnenbrandgefahr.
- Phragmipedium haben spitze Blattenden und brauchen höhere Temperaturen. Sie werden das ganze Jahr gleichmäßig feucht gehalten. Im Untersetzer immer 5–10 mm Wasser stehen lassen. Mit jedem Gießen das alte Wasser ausschütten. Von Mai bis September alle zwei Wochen düngen, danach nur einmal im Monat.

WANN
MUSS ICH GIESSEN?

Gießen

- Venusschuhe dürfen nicht austrocknen, daher einmal wöchentlich mit entkalktem oder weichem Wasser gießen.

Luftfeuchtigkeit erhöhen

- Venusschuhe sollten alle zwei bis drei Tage mit entkalktem, weichem Wasser (abgekochtes Wasser ist ideal) morgens oder vormittags übersprüht werden.

| Basics | Phalaenopsis | Cambria | Miltoniopsis | Cymbidium | Cattleya | Dendrobium | Paphiopedilum | Vanda |

KOSMOS
SOFORTHELFER

Venusschuhe beider Gattungen gehören zu den anspruchsvolleren Orchideen für die Fensterbank, da sie ein empfindliches Wurzelsystem haben. Einerseits dürfen sie nie ganz austrocknen, auf zu viel Nässe im Substrat reagieren sie aber schnell mit Wurzelfäulnis. Gießen Sie erst, wenn das Substrat in den oberen 1–2 Zentimeter trocken ist und sich der Topf leicht anfühlt.

Vorsicht Fäulnisgefahr
- Die fächerförmigen Blätter der Venusschuhe sind weich und empfindlich. Wenn nach dem Sprühen oder Gießen Wasser in der Mitte der Fächer stehen bleibt, kommt es schnell zu Fäulnis.

Wasser in den Blattachseln entfernen
- In den Blattfächern nach dem Gießen oder Sprühen stehengebliebenes Wasser mit einem gefalteten Papiertaschentuch oder Küchenkrepp sofort aufsaugen.

PAPHIOPEDILUM UND PHRAGMIPEDIUM # PROBLEME

WELCHE
SCHÄDEN SIND AM HÄUFIGSTEN?

- Fäulnis in den Blattfächern durch stehengebliebenes Wasser
- Wurzelschäden durch zu viel Gießen
- Schwarzfäulepilze an den Neutrieben
- Blattflecken durch Pilze
- Schildläuse
- Wollläuse

WAS
KANN ICH DAGEGEN TUN?

Fäulnis in den Blattfächern

- In der Mitte der Blattfächer entspringt der Blütenstiel und wenn dieser nach der Blüte abgeschnitten ist, ist er eine ideale Eintrittspforte für Krankheitserreger wie Fäulnispilze, wenn an dieser Stelle Wasser stehen bleibt.
- Wasser, das beim Gießen oder Spühen stehen bleibt, sofort aufnehmen.

Wurzelschäden

- Besonders Vertreter der Gattung Paphiopedilum reagieren sehr empfindlich auf Nässe im Substrat. Gesunde Wurzeln sind hell bis mittelbraun und von einer feinen Haarschicht umgeben.
- Wurzeln, die zu viel Feuchtigkeit ausgesetzt sind, sterben ab und werden dunkelbraun.

WIE
KANN ICH DAS VERHINDERN?

- Regelmäßig kontrollieren
- Regelmäßig besprühen
- Erst gießen, wenn das Substrat angetrocknet ist
- Bei Befall sofort Gegenmaßnahmen ergreifen und ggf. die befallene Pflanze vernichten.
- Neue Pflanzen vier Wochen separat stellen. Erst wenn Sie sicher sind, dass sie gesund sind, zu den anderen Pflanzen stellen.

| Basics | Phalaenopsis | Cambria | Miltoniopsis | Cymbidium | Cattleya | Dendrobium | Paphiopedilum | Vanda |

KOSMOS
SOFORTHELFER

Die Fäulnisanfälligkeit der Venusschuhe kommt daher, dass die Blattfächer direkt aus der Basis der Rhizome entspringen. Wenn sie von Fäulnis befallen werden, dringen die Krankheitserreger, meist Schwarzfäulepilze, direkt ins Rhizom und breiten sich von dort über die übrige Pflanze aus. Die Folge ist, dass die ganze Pflanze abstirbt.

Schwarzfäule

- Die gefürchtete Schwarzfäule wird durch Pilze verursacht und befällt Blätter und Triebe. Wenn sie, wie hier den Neutrieb befallen hat, ist die Pflanze meist verloren, denn die Erreger dringen schnell bis ins Rhizom vor.
- Beim ersten Anzeichen mit einem systemischen Fungizid spritzen.

Blattflecken

- Blattflecken treten dann auf, wenn Wassertropfen nach dem Sprühen zu lange auf den Blättern stehen bleiben.
- Nur morgens oder am Vormittag sprühen, damit das Laub bis zum Abend wieder abtrocknen kann.
- Wenn sich die Flecken ausbreiten und größer werden, das Blatt entfernen und mit einem systemischen Fungizid spritzen.

PAPHIOPEDILUM UND PHRAGMIPEDIUM

UMTOPFEN UND TEILEN I

WANN
WIRD UMGETOPFT?

- Im Frühjahr
- Nur wenn die Pflanze groß genug ist und mindestens acht bis zehn Blattfächer hat.
- Nach der Blüte
- Wenn der Neutrieb ausgereift ist.

WAS
BRAUCHE ICH?

- Einen neuen, etwas größeren undurchsichtigen Plastiktopf
- Feines Rindensubstrat gemischt mit einem Drittel torfhaltiger Aussaaterde

WIE
GEHT DAS AM BESTEN?

Topf lösen
- Die Wurzeln durch seitliches Eindrücken des Topfes von der Innenwand lösen. Venusschuhe haben brüchige Wurzeln, daher sehr vorsichtig hantieren.

Herausziehen
- Die Pflanze an der Basis greifen und aus dem Topf ziehen. Die Basis nicht zu fest zusammendrücken, damit es nicht zu Gewebeschäden an den Blättern kommt.

| Basics | Phalaenopsis | Cambria | Miltoniopsis | Cymbidium | Cattleya | Dendrobium | Paphiopedilum | Vanda |

KOSMOS
SOFORTHELFER

Das Hauptproblem beim Umtopfen von Venusschuhen sind die empfindlichen Wurzeln. Sie sind extrem fragil und unflexibel. Sie brechen oft schon, wenn sie nach dem Austopfen und Herauslösen des alten Substrats nach unten hängen. Angebrochene oder geknickte Wurzeln sterben unweigerlich ab. Daher sollten diese Orchideen nur alle drei bis vier Jahre umgetopft werden.

Substrat entfernen
- Sehr vorsichtig wird nun das alte Substrat mit den Fingern vom Ballen gelöst. Dabei die Pflanze am besten <u>immer auf der Arbeitsfläche aufgesetzt stehen lassen</u>, damit die Wurzeln nicht abbrechen.

Wurzeln kontrollieren
- Gesunde Wurzeln von Venusschuhen sind hell- oder mittelbraun und haben eine feine Behaarung.
- Die jungen <u>Wurzelspitzen</u> sind weiß und <u>sehr empfindlich</u>.
- Brechen sie ab, wächst die Wurzel nicht weiter.

Weiter geht es auf der nächsten Seite ...

PAPHIOPEDILUM UND PHRAGMIPEDIUM # UMTOPFEN UND TEILEN II

WANN
WIRD GETEILT?

- Im Frühjahr
- Nur wenn die Pflanze groß genug ist und mindestens acht bis zehn Blattfächer hat.
- Nach der Blüte
- Wenn der Neutrieb ausgereift ist.

WAS
BRAUCHE ICH?

- Einen neuen, etwas größeren undurchsichtigen Plastiktopf
- Feines Rindensubstrat mit einem Drittel torfhaltiger Aussaaterde gemischt.

WAS
MUSS MAN BEIM TEILEN BEACHTEN?

Bei Bedarf teilen

- Wenn die Pflanze groß genug ist, d.h. mindestens acht, besser zehn oder mehr Blattfächer hat, kann man sie beim Umtopfen teilen.

Teilstücke

- Jedes Teilstück sollte dabei mindestens einen Neutrieb und ein bis zwei alte Blattfächer haben, damit die neuen Pflanzen gut weiterwachsen.

| Basics | Phalaenopsis | Cambria | Miltoniopsis | Cymbidium | Cattleya | Dendrobium | Paphiopedilum | Vanda |

KOSMOS
SOFORTHELFER

Als Substrat für Venus- oder Frauenschuhe hat sich eine Mischung aus mittelfeiner und feiner Pinienrinde mit etwa einem Viertel bis einem Drittel ungedüngter Aussaat- oder Vermehrungserde bewährt. Phragmipedien wachsen auch in reinem Piniensubstrat gut. Normale Blumenerde vernässt zu schnell und ist zu stark gedüngt.

Einsetzen

- Mit großer Vorsicht wird die Pflanze mit den Wurzeln in den leeren Topf gestellt.
- Der Topf darf nicht zu groß sein, sonst bleibt das Substrat nach dem Gießen zu lange nass.

Im Topf platzieren

- Die Pflanze wird so im Topf platziert, dass die Wurzeln nicht geknickt sind und sich die Blattfächer in der Mitte des Topfes befinden.

Weiter gehts auf der nächsten Seite ...

PAPHIOPEDILUM UND PHRAGMIPEDIUM

UMTOPFEN UND TEILEN III

KOSMOS
SOFORTHELFER

Frisch umgetopfte Venusschuhe dürfen nicht gleich gedüngt werden. Würde man düngen, kann es an den neu gebildeten empfindlichen Wurzelspitzen zu Verbrennungen durch die Nährsalze im Dünger kommen. Erst, wenn sich ein neuer Blattfächer zeigt, wird nach und nach mit dem Düngen begonnen. Anfangs mit einem Viertel, dann der Hälfte der normalen Düngerkonzentration.

WIE
GEHT ES WEITER?

Substrat einfüllen

- Vorsichtig das feine Substrat zwischen die Wurzeln rieseln lassen.
- Dabei die Blattfächer immer festhalten, damit die Pflanze im Topf nicht hin- und herwackelt und die Wurzeln brechen können.

Hohlräume auffüllen

- Mit den Fingern das Substrat vorsichtig in die Hohlräume zwischen den Wurzeln im Topf drücken, damit die Pflanze fest und sicher im Topf Halt findet.

Beide Seiten gleichmäßig einrieseln

- Von der anderen Seite des Blattfächers verfährt man nun genauso und füllt den Rest des Topfes nach und nach mit Substrat auf.
- Die Pflanze dabei die ganze Zeit an der Basis festhalten, damit die Wurzeln im Topf nicht brechen.

Frisch umgetopft

- Der fertig umgetopfte Venusschuh bleibt einen Tag stehen, bevor er dann durchdringend gegossen wird.
- Stellen Sie ihn an einem Nordwest- oder Nordostfenster auf, bis sich neue Triebe zeigen. Dann kann die Pflanze auch heller stehen.

PAPHIOPEDILUM — DIE SCHÖNSTEN FORMEN

Venusschuh
(Paphiopedilum-Hybride)

Blüte
- Rotbraun, Schuh innen gelb-grün, Fahne weiß mit grüner Basis und roten Flecken
- Bis 10 cm breit
- Meist nur ein bis zwei Blüten pro Trieb

Standort
- Hell, warm und mit hoher Luftfeuchte, West- oder Ostfenster

Nach der Blüte
- Blütenstiel abschneiden.
- Von April bis Oktober alle zwei Wochen düngen.

Venusschuh
(Paphiopedilum conco-bellatulum)

Blüte
- Weiß mit feinen violettroten Punkten
- Bis 6 cm breit
- Meist ein bis zwei Blüten pro Trieb

Standort
- Halbschattig, warm und mit hoher Luftfeuchte, Ostfenster

Nach der Blüte
- Täglich übersprühen.
- Von April bis Oktober alle vier Wochen düngen.
- Die Blätter sind unterseits attraktiv purpurfarben.

Harrisianum
(Paphiopedilum-Hybride)

Blüte
- Rosa und braun mit sehr breiten Petalen
- Bis 12 cm breit
- Mehrere Blüten öffnen sich nacheinander am Trieb

Standort
- Hell und bei hoher Luftfeuchtigkeit, Ost- oder Westfenster

Nach der Blüte
- Blütenstiel erst abschneiden, wenn die Spitze komplett eingetrocknet ist.
- Im Sommer alle zwei Wochen düngen.

| Basics | Phalaenopsis | Cambria | Miltoniopsis | Cymbidium | Cattleya | Dendrobium | Paphiopedilum | Vanda |

Pacific Ocean
(Paphiopedilum-Hybride)

Blüte
- Fahne weiß mit lackscharzen Warzen und Punkten, Petalen und lippe weinrot und grünlich
- Bis 10 cm breit
- Blüten einzeln am Trieb

Standort
- Heller, warm und mit hoher Luftfeuchte, West- oder Ostfenster ideal.

Nach der Blüte
- Blütenstiel abschneiden
- Von April bis Oktober alle zwei Wochen düngen.

Naturform
(Paphiopedilum delenatii 'Album')

Blüte
- Reinweiß, es gibt auch eine rosa Form
- Bis 7 cm breit
- Meist zwei Blüten pro Trieb

Standort
- Halbschattig, warm und bei hoher Luftfeuchtigkeit, West- oder Ostfenster ideal

Nach der Blüte
- Täglich übersprühen.
- Von April bis Oktober alle vier Wochen düngen.

Naturform
(Paphiopedilum lowii)

Blüte
- Grünlich mit roten Flecken und violetten Petalenspitzen
- Bis 14 cm breit
- Ein, selten auch zwei Blüten pro Trieb

Standort
- Hell und bei hoher Luftfeuchtigkeit, Ost- oder Westfenster

Nach der Blüte
- Blütenstiel erst abschneiden, wenn die Spitze komplett eingetrocknet ist.
- Von April bis Oktober wöchentlich düngen.

PHRAGMIPEDIUM DIE SCHÖNSTEN FORMEN

Naturform
(Phragmipedium besseae)

Blüte
- Leuchtend orange- bis zinnoberrot und gelber Zeichnung in der Lippe
- Bis 6 cm breit
- meist zu zweit, selten zu dritt

Standort
- hell, bei hoher Luftfeuchtigkeit
- Südwest- oder Südostfenster

Nach der Blüte
- täglich übersprühen
- Von Mai bis September alle zwei Wochen düngen.

Don Wimber
(Phragmipedium-Hybride)

Blüte
- rötlich rosa mit gelber Lippenöfffnung
- bis 8 cm breit
- meist zwei oder drei Blüten

Standort
- hell, hohe Luftfeuchtigkeit
- Südwest- oder Südostfenster

Nach der Blüte
- Stiel nicht abschneiden, es erscheinen immer neue Knospen an der Spitze, auch an Trieben, die schon einige Jahre alt sind.
- Von Mai bis September alle zwei Wochen düngen.

Naturform
(Phragmipedium sedenii)

Blüte
- orangerot mit roter Zeichnung
- bis 6 cm breit
- an langen, unverzweigten Rispen, seitlich aus dem Trieb wachsend

Standort
- hell, bei hoher Luftfeuchtigkeit
- Südwest- oder Südostfenster

Nach der Blüte
- täglich übersprühen
- Von Mai bis September alle zwei Wochen düngen.

Hanne Popow
(Phragmipedium-Hybride)

Blüte
- weiß und rosa mit gelber Mitte und rosa Streifen auf der Lippe, Intensität variabel
- bis 6 cm breit
- einzeln oder zu zweit an unverzweigten Rispen

Standort
- hell, hohe Luftfeuchtigkeit
- Südwest- oder Südostfenster

Nach der Blüte
- täglich übersprühen
- Von Mai bis September alle zwei Wochen düngen.

Venusschuh
(Hanne Popow × Mem Dick Clements)

Blüte
- rosarot
- bis 8 cm breit
- an unverzweigten Rispen

Standort
- hell, bei hoher Luftfeuchtigkeit
- Südwest- oder Südostfenster

Nach der Blüte
- Stiel nicht abschneiden, es erscheinen immer neue Knospen an der Spitze, auch an Trieben, die schon einige Jahre alt sind.
- Von Mai bis September alle zwei Wochen düngen.

Venusschuh
(Phragmipedium-Hybride)

Blüte
- rötlich und grün gezeichnet
- bis 10 cm breit
- zu zweit oder dritt an unverzweigten Rispen

Standort
- hell, hohe Luftfeuchtigkeit
- Südwest- oder Südostfenster

Nach der Blüte
- Stiel nicht abschneiden, es erscheinen immer neue Knospen an der Spitze, auch an Trieben, die schon einige Jahre alt sind.
- Von Mai bis September alle zwei Wochen düngen.

DIE SONNENHUNGRIGEN *VANDA*

DIE GROSSEN VANDEEN SIND WAHRE KÖNIGINNEN UNTER DEN ORCHIDEEN, DIE SICH FÜR DIE FENSTERBANKKULTUR EIGNEN. ABER SIE SIND AUCH KLEINE (ODER GROSSE) DIVEN MIT HOHEN ANSPRÜCHEN.

HERKUNFT

Vandeen und ihre Verwandten, Vertreter der Gattungen Ascocentrum, Renanthera , Aerides, Papilionanthe und Rhynchostylis, wachsen epiphytisch auf Bäumen oder lithophytisch auf Felsen in feuchtheißen tropischen Regionen Asiens.

VANDEEN AUF DER FENSTERBANK

Vandeen brauchen viel frische Luft, eine hohe Luftfeuchtigkeit, Sonne und Wärme. Eingedrängt in einen Topf fangen die dicken, fleischigen Wurzeln schnell an zu faulen. Daher pflegt man sie am besten in Lattenkörbchen oder ganz ohne Pflanzbehälter frei im Blumenfenster oder Wintergarten aufgehängt oder in einer großen Glasvase, die für eine etwas höhere Luftfeuchtigkeit im Wurzelbereich sorgt. Vandeen müssen täglich besprüht werden und die Luftfeuchtigkeit in ihrer Umgebung sollte bei mindestens 60–70 % liegen, ein nicht immer einfaches Unterfangen in einer Wohnung.

BESONDERHEITEN

Vandeen gehören wie die beliebten Phalaenopsis zu den monopodialen Orchideen. Sie bilden einen langen Spross, dem in den Blattachseln Blütentriebe und Wurzeln entspringen. Im Gegensatz zu Phalaenopsis-Orchideen ist dieser Spross bei Vandeen verlängert, d.h. die Blätter stehen nicht so dicht wie bei Phalaenopsen. Das Farbspektrum der Blüten reicht von Weiß über Creme bis hin zu Gelb, Orange, Rot, Rosa, Pink und Violett. Sogar das bei Orchideen seltene Violett- oder Graublau gibt es.

VANDA PFLEGE

WELCHE
ANSPRÜCHE HABEN VANDEEN?

- Temperatur 20–30 °C Luftfeuchtigkeit 60–80 %
- Kein Substrat: im Lattenkörbchen oder frei hängend pflegen.
- Täglich besprühen
- Viel Licht, auch volle Sonne (außer Mittags) wird vertragen
- Von Juni bis November alle zwei Wochen in Düngerlösung 10 min „baden".
- Im Dezember und Januar vor der Blüte nicht düngen.

WORAUF
MUSS ICH ACHTEN?

- Die Wurzeln sollten vor dem erneuten Besprühen abgetrocknet sein.
- Die Luftfeuchtigkeit muss konstant hoch sein. Dies ist vor allem im Winter nicht immer einfach: Abhilfe: In Glasvasen als Übertopf stellen

WANN
MUSS ICH GIESSEN?

Sprühen

- Vandeen müssen täglich besprüht werden. Die hellgrauen bis weißlichen Wurzeln färben sich dann nach Grün um (das unter dem Velamen liegende Chlorophyll scheint durch).
- Das Wasser muss entkalkt sein und keinen Dünger enthalten, sonst kommt es zu Ablagerungen auf den Wurzeln.

Tauchen

- Zum Düngen und wenn die Pflanze ausgetrocknet scheint (weiche Blätter, matte Farbe der Blätter) zehn Minuten in einer Flüssigdüngerlösung bzw. in entkalktem Wasser einweichen, sodass sich die Pflanze wieder vollsaugen kann.
- Im Herz am Sprossende sollte kein Wasser stehen bleiben.

| Basics | Phalaenopsis | Cambria | Miltoniopsis | Cymbidium | Cattleya | Dendrobium | Paphiopedilum | Vanda |

WELCHE
PROBLEME KÖNNEN AUFTRETEN?

KOSMOS
SOFORTHELFER

Damit Sie lange Freude an einer Vandee haben, ist es wichtig, darauf zu achten, dass sie nie austrocknet. Gesunde Pflanzen haben feste, ledrige Blätter mit einer glänzenden Oberfläche. Ist es der Pflanze zu trocken, wird die Blattoberfläche matt und fahl, außerdem falten sich die Blätter zusammen und sind weich und biegsam.

Trockenheit

- Das größte Problem bei der Pflege von Vandeen auf der Fensterbank ist trockene Luft und ein langsames Austrocknen der Pflanze.
- Als Sofortmaßnahme zwei Stunden in Wasser einweichen.
- In Glasübertopf stellen, in dem unten 1 cm hoch entkalktes Wasser steht.

Glasvasen als Übertopf

- Um besonders im Winter die von diesen Orchideen gewünschte hohe Luftfeuchtigkeit im Wurzelbereich zu gewährleisten, stellt man Vandeen in große Glasvasen oder Glasübertöpfe.
- Am Grund darf immer etwa 1 cm hoch Wasser stehen, das wöchentlich ausgeleert und neu aufgefülltl wird.
- Wenn sich Algen bilden, diese auswaschen.

VANDA TEILEN

WANN
TEILE ICH VANDEEN?

- Im Frühjahr
- Wenn die Pflanze mindestens 50 cm lang ist, besser noch größer.
- Nur nach der Blüte

- Scharfe Blumenschere
- Einen durchsichtigen Plastiktopf
- Sphagnum-Moos zum Bewurzeln

Teilen

- Zum Teilen wird der Trieb der Vanda mit der Schere durchgeschnitten, und zwar so, dass der obere Teil etwa zwei Drittel der Länge umfasst. Er sollte idealerweise schon einige Wurzeln besitzen.

Teilsücke

- Man erhält nun zwei Teilstücke. Das untere mit den Wurzeln wird normal weitergepflegt. Es wird etwa ein dreiviertel bis ganzes Jahr dauern, bis sich seitlich der Triebachse eine (oder mit etwas Glück zwei) neue Triebspitze gebildet hat.

| Basics | Phalaenopsis | Cambria | Miltoniopsis | Cymbidium | Cattleya | Dendrobium | Paphiopedilum | Vanda |

KOSMOS
SOFORTHELFER

Die Teilung von Vandeen ist die Königsdisziplin der Orchideenvermehrung. Man sollte sich nur daran wagen, wenn man schon ein gewisses „Händchen" für diese außergewöhnlichen Orchideen entwickelt hat. Wenn man zu groß gewordene Exemplare verkleinern will, kann man auch nur den unteren, nicht mehr beblätterten Teil entfernen, solange der obere genug Wurzeln hat.

Versorgung

- Vom <u>oberen Stück</u> werden die <u>unteren, losen Blätter entfernt</u>, denn diese würden ohenhin gelb werden und abfallen.
- Lassen Sie das Triebstück <u>einen Tag liegen</u>, damit die Schnittstelle abtrocknen kann.

Bewurzelung

- Um die Bewurzelung zu fördern, wird das Triebstück in einen Plastiktopf mit <u>Sphagnum-Moos</u> gesteckt.
- Evtl. können Sie auch noch ein <u>Verdunstungsschutz</u> aus <u>durchsichtiger Plastikfolie</u> um die Pflanze spannen. Warm und feucht aufstellen.

VANDA EMPFEHLENSWERTE SORTEN

Renancentrum
(Renancentrum-Hybride)

Blüte
- Orangerot mit roter Zeichnung
- Bis 6 cm breit
- An langen, unverzweigten Rispen, seitlich aus dem Trieb wachsend

Standort
- Sehr hell, sehr warm und bei hoher Luftfeuchtigkeit
- Süd- und Südwestfenster

Nach der Blüte
- Täglich ein- bis zweimal besprühen.
- Von April bis Oktober wöchentlich düngen.

Orange Spotty
(Ascocenda-Hybride)

Blüte
- Orange mit feinen braunen Tupfen
- Bis 8 cm breit
- An langen, unverzweigten Rispen, seitlich aus dem Trieb wachsend

Standort
- Sehr hell, sehr warm und bei hoher Luftfeuchtigkeit
- Süd- und Südwestfenster

Nach der Blüte
- Täglich zweimal besprühen.
- Von April bis Oktober wöchentlich düngen.

Fuchs-Hybride Gelb
(Ascocenda-Hybride)

Blüte
- Gelb mit feinen braunen Tupfen
- Bis 8 cm breit
- An langen, unverzweigten Rispen, seitlich aus dem Trieb wachsend

Standort
- Sehr hell, sehr warm und bei hoher Luftfeuchtigkeit
- Süd- und Südwestfenster

Nach der Blüte
- Täglich zweimal besprühen.
- Von April bis Oktober wöchentlich düngen

Princess Mikasa Pink
(Ascocenda-Hybride)

Blüte
- Rosa bis pink mit netzartigen Adern
- Bis 10 cm breit
- An langen, unverzweigten Rispen, seitlich aus dem Trieb wachsend

Standort
- Sehr hell, sehr warm und bei hoher Luftfeuchtigkeit
- Süd- und Südwestfenster

Nach der Blüte
- Täglich zweimal besprühen.
- Von April bis Oktober wöchentlich düngen.

Princess Mikasa
(Ascocenda-Hybride)

Blüte
- Blauviolett mit netzartiger Äderung
- Bis 10 cm breit
- An langen, unverzweigten Rispen, seitlich aus dem Trieb wachsend

Standort
- Sehr hell, sehr warm und bei hoher Luftfeuchtigkeit
- Süd- und Südwestfenster

Nach der Blüte
- Täglich zweimal besprühen.
- Von April bis Oktober wöchentlich düngen.

Renanthanda
(Renanthanda-Hybride)

Blüte
- Zinnoberrot
- Bis 8 cm breit
- An langen, unverzweigten Rispen, seitlich aus dem Trieb wachsend

Standort
- Sehr hell, sehr warm und bei hoher Luftfeuchtigkeit
- Süd- und Südwestfenster

Nach der Blüte
- Täglich zweimal besprühen
- Von April bis Oktober wöchentlich düngen.

GLOSSAR

Epiphyt
Auf anderen Pflanzen (z. B. Bäumen) wachsende Pflanze, jedoch kein Parasit ist

Fahne
Oberes Sepalum bei Frauenschuhorchideen

Hybride
Kreuzung zwischen zwei oder mehreren Arten oder Gattungen

Infloreszenz
Blütenstand

Internodium
Bereich zwischen zwei Knospen oder verdickten Stängelteilen, meist am Blütentrieb

Keiki
Vor allem für Adventivpflanzen von Dendrobium und Phalaenopsis geprägter, aus Hawaii stammender Begriff

Kindel
Tochterpflanze an den Blattachseln der Pseudobulben oder den Internodien der Blütenstiele erscheint

Labellum
Das zur Lippe ausgebildete Blütenblatt

Lithophyt
Auf Felsen oder Steinen wachsende Pflanze

Meristem-Vermehrung
Das Heranziehen von Pflanzen durch Gewebekultur

monopodial
Wuchsform, bei der Blätter kontinuierlich an der Pflanzenspitze gebildet werden

Nodium
Verdickter Teil eines Triebs, an dem Blütentriebe, Blätter oder Adventivsprosse entstehen

Petale
Inneres Blütenblatt, auch Kronblatt genannt

Pseudobulbe
verdickte Spross- bzw. Blattbasis, ähnlich einer Zwiebel (Bulbe)

Rhizom
Verdickter Wurzelspross

Rispe
Blütenstand, bei dem die Blüten nacheinander angeordnet sind

Rückbulbe
Ältere Pseudobulben, die nach Teilung wieder austreiben können

Sepale, dorsale
der Lippe gegenüberstehendes Blütenblatt

Sepale, laterale
Seitliches, äußeres Blütenblatt

sympodial
Wuchsform, bei der der Neutrieb an der Basis des vorhergehenden entsteht

terrestrisch
Im Erdboden wachsende Pflanze

Velamen
Die äußere Schicht aus abgestorbenen Wurzelzellen einer Orchideenwurzel

SERVICE

Vereine und Verbände

Deutsche Orchideen-Gesellschaft e.V
Im Zinnstück 2
65527 Niedernhausen
www.orchidee.de

Vereinigung Deutscher
Orchideenfreunde e.V.
Geschäftsstelle Rita Jonuleit
Mittel-Carthausen 2
58553 Halver

Schweizerische Orchideen-Gesellschaft
Postfach
5000 Aarau
www.orchideen.ch

Amtliche Pflanzenschutzberatung
www.pflanzenschutzdienst.de

Sachsen
Sächsische Landesanstalt für Landwirtschaft, FB Integrierter Pflanzenschutz, Referat 63
Alttrachau 7
01139 Dresden
Tel.: 0351/85 30 40

Berlin
Pflanzenschutzamt Berlin
Mohriner Allee 137
12347 Berlin
Tel.: 030/70 00 06-0

Brandenburg
Landesamt für Verbraucherschutz,
Landwirtschaft und Flurneuordnung
Pflanzenschutzdienst
Ringstr. 1010
15226 Frankfurt (Oder)-Markendorf
Tel.: 0335/52 76 22
ww.lmur.brandenburg.de

Mecklenburg-Vorpommern
Landespflanzenschutzamt
Graf-Lippe-Str. 1
18059 Rostock
Tel.: 0381/4 91 23-31 & -33
www@lps.mvnet.de

Hamburg
Institut für Angewandte Botanik
Pflanzenschutzamt Hamburg
Ohnhorststraße 18
22609 Hamburg
Tel.: 040/4 28 16-556
www.pflanzenschutzamt-hamburg.de

Schleswig-Holstein
Pflanzenschutzamt
Westring 383
24118 Kiel
Tel.: 0431/8 80 13 02
www.pfs.alr-kiel.landsh.de

Bremen
Senator für Umweltschutz und Stadt-
entwicklung, Pflanzenschutzdienst
Große Weidestr. 4 – 16
(Postanschrift: Hanseatenhof 5)
28195 Bremen
Tel.: 0421/3 61 25 75

Niedersachsen
Landwirtschaftskammer Weser-Ems
Pflanzenschutzamt
Sedanstraße 4
26121 Oldenburg
Tel.: 0441/8 01-0
www.lwk-we.de

Landwirtschaftskammer Hannover
– Pflanzenschutzamt –
Wunstorfer Landstraße 9
30453 Hannover
www.lwk-we.de

Hessen
Regierungspräsidium Gießen
Pflanzenschutzdienst Hessen
Schanzenfeldstr. 8
35578 Wetzlar
www.rp-giessen.de

Sachsen-Anhalt
Landespflanzenschutzamt
Lerchenwuhne 125
39128 Magdeburg
Tel.: 0391/25 69-450

Nordrhein-Westfalen
Pflanzenschutzdienst der Landwirtschaftskammer Nordrhein-Westfalen
Siebengebirgsstraße 200
53229 Bonn
Tel.: 0208/4 34-2101
www.lwk.nrw.de

Rheinland-Pfalz
Dienstleistungszentrum für den
ländlichen Raum (DLR) Rheinhessen-Nahe-
Hunsrück
Rüdesheimer Str. 60 – 68
55545 Bad Kreuznach
www.dlr.rlp.de

Saarland
Landwirtschaftskammer für das Saarland
– Pflanzenschutzamt –
Dillinger Str. 67
66822 Lebach
Tel.: 06 81/6 65 05-0
www.lwk-saarland.de

Baden-Württemberg
Landesanstalt für Pflanzenschutz
Reinsburgstr. 107
70197 Stuttgart
Tel.: 0711/66 42-400
www.lfp.bwl.de

Bayern
Bayerische Landesanstalt für
Landwirtschaft
Institut für Pflanzenschutz
Lange Point 10
85354 Freising
www.lfl.bayern.de

Staatliche Fachschule für Agrarwirtschaft
Veitshöchheim
Bayrische Gartenakademie
An der Steige 15
97209 Veitshöchheim
Tel.: 0931/98 01-0

Thüringen
Thüringer Landesanstalt für Landwirtschaft
Sachgebiet Pflanzenschutz
Kühnhäuser Str. 101
99189 Erfurt-Kühnhausen
Tel.: 0362 01/817-0
www.tll.de

Bezugsquellen

Die in diesem Buch beschrieben Orchideensorten bekommen Sie in der Regel im gut sortierten Blumenfachhandel und jedem Gartencenter. Wenn Sie auf der Suche nach ausgefalleneren Arten oder Sorten sind, lohnt ein Blick in die Kataloge und Online-Angebote der folgenden Orchideen-Gärtnereien und -Züchter. Besuche bitte immer vorher vereinbaren, denn nicht alle Gärtnereien haben reguläre Besuchszeiten.

Zubehör
Orchideen-Kulturbedarf Manfred Meyer
Eckenheimer Landstr. 334
60435 Frankfurt am Main
www.orchideen-online.de

Orchideengärtnereien
(nach Postleitzahlen sortiert)

Orchideenzentrum-Chemnitz
Zschopauer Str. 277
09126 Chemnitz
www.orchideenzentrum-chemnitz.de

Orchideen Seidel GbR
Hauptstraße 119a
08115 Lichtentanne
www.orchideen-seidel.de

Großräschener Orchideen
H.-J Wlodarczyk
W.-Seelenbinder-Str. 21
01983 Großräschen
www.orchideenwlodarczyk.de

Orchideen Markt
Inhaber: Manfred Höldtke
Schillerstraße 9
14656 Brieselang
www.orchideen-markt.com

Orchideen Rehbein
Curslacker Deich 270
21039 Hamburg
www.orchideen-rehbein.de

Orchideengarten Marei Karge
Bahnhofstraße 24
21368 Dahlenburg
www.orchideengarten.de

Orchideenfarm Martina Kasten
Russellstraße 141
26871 Papenburg
www.orchideen-kasten.de

Asendorfer Orchideenzucht
Inh. Dipl. Ing. agr. Hilmar Bauch
Mühlenstr. 9
27330 Asendorf OT Graue
www.asendorfer-Orchideenzucht.com

Helmut Reuter
Bei der Klenkerei 38
27755 Delmenhorst

Orchideen Zentrum Celle
Orchideen Wichmann
Tannholzweg 1-3
29229 Celle
www.orchideen-wichmann.de

Wilhelm Hennis Orchideen
Große Venedig 4
31134 Hildesheim
www.hennis-orchideen.de

Ludwig Orchideenzucht
Hainebuchenweg 2
31855 Aerzen

Orchideen Dürbusch
Ostring 13
33378 Rheda-Wiedenbrück

Orchideen Klaus-Dieter Lohoff
Wilfriedstrasse 39
33649 Bielefeld
www.orchideen-lohoff.de

Röllke Orchideenzucht
Flößweg 11
33758 Schloß Holte-Stukenbrock
www.roellke-orchideen.de

Orchideen Tonn
Meierbreite 2
37249 Neu-Eichenberg
www.orchideen-tonn.de

Popow Orchideen
Sandkämperstr. 1
38442 Wolfsburg
www.popow-orchids.com

Orchideengärtnerei Cornelia Neuhaus
Marke 3
42499 Hückeswagen
www.orchideen-neuhaus.de

Orchideen Hans Lucke
Bergschenweg 6
47506 Neukirchen-Vluyn
www.orchideen-lucke.de

Orchideen Kuhlmann
Hinsbecker Str. 17a
47929 Grefrath
www.orchideen-kuhlmann.de

Elsner-Orchideen
Königsberger Straße 9
48493 Wettringen
www.elsner-orchideen.de

| Basics | Phalaenopsis | Cambria | Miltoniopsis | Cymbidium | Cattleya | Dendrobium | Paphiopedilum | Vanda |

Lemförder Orchideenzucht
Am rauhen Berge 8
49448 Lemförde
www.loz.de

Tropical-Orchids-Fochem
Am Grünen Weg 13
50259 Pulheim-Dansweiler

Schronen Orchidarium und Alpengarten
In der Elkes 3-5
54689 Daleiden / Eifel
www.orchideen-schronen.de

Orchideen Koch
Lindenhof
57368 Lennestadt - Grevenbrück
www.orchideen-koch.de

Schwerter Orchideenzucht
Bergstr. 8
58239 Schwerte/Ruhr
www.schwerter-orchideenzucht.de

Orchideen Röhl
Stemweg 14
59494 Soest-Paradiese
www.orchideen-roehl.de

Speyerer Orchideenzucht Nothhelfer
Gottfried-Renn-Weg 4
67346 Speyer
www.orchideen-nothhelfer.de

Blumen Janke
Mackenbacher Straße 72
67685 Weilerbach
www.blumen-janke.de

Orchideen Netzer & Café Orchidee
Ortsstrasse 138
69488 Birkenau - Hornbach
www.netzer.de

Orchideenzucht Karin Steiger
Dürrstr. 31
72070 Tübingen
www.karinsorchideen.de

Junginger Orchideen
Bernd Junginger
Reuteweg 18
72229 Rohrdorf
www.junginger-orchideen.de

Kelbaß Orchideen und Zimmerpflanzen
Martin Kelbaß
Mögglinger Str. 100
73540 Heubach

Pflanzen Mauk
Gartencenter GmbH
Landturm 7
74348 Lauffen

Heinrich Hotz
Am Klosterberg 6
76684 Östringen (Tiefenbach)

Koi & Orchideen Kretschmann GmbH
Zum Hauental 27
74921 Helmstadt-Bargen (Flinsbach)
www.koi-kretschmann.de

Wössner Orchideen
Franz Glanz
Hauptstr. 28
83246 Unterwössen
www.woessnerorchideen.de

Cramer Orchideen
Zum Steiner 11
83489 Strub
www.cramer-orchideen.de

Befort Gartenbau
Asamstrasse 21
85356 Freising
www.befort-gartenbau.de

Orchids & more
(Rosenheimer Orchideenzucht)
Mayerbacherstr. 94
85737 Ismaning
www.orchideen.com

Kenntner Orchideenzucht
Birkelweg 12
89555 Steinheim-Sontheim

Currlin Orchideen
Welbhausen 30
97215 Uffenheim
www.currlinorchideen.de

Eisenheimer Orchideengärtnerei
B. Wück u. G. Krönlein GbR
Setzweg 4
97247 Eisenheim, OT Obereisenheim

Orchideen Kopf
Hindenburgstrasse 15
94469 Deggendorf
www.orchideen-kopf.de

M&M Orchideen
M. Wolff
Kaeppelesweg 11
97539 Wonfurt-Steinsfeld
www.m-m-orchid.com/

Nüdlinger Orchideenladen
Am Pfaffenpfad 10
97720 Nüdlingen
www.orchideen-beck.de

REGISTER

A
Aerides 129
Ascocenda 134, 135
Ascocentrum 129
Aspasia 66

B
Blähton 13
Blätter, gelbe 28, 101
Blattflecken
    Cattleya 84
    Dendrobium 100
    Frauenschuhe 117
    Dendrobium 100
Blattspitzen
    gelbe 44
    schwarze 45, 73
Blumenschere 9
Blumenspritze 8
Blüte 20
Blütenbildung, Phalaenopsis 35
Blütentrieb
    Cattleya 82
    Cambria 43
    Miltoniopsis 59
    Phalaenopsis 27, 29
Brassavola 81
Brassia 53, 54
Brassolaelia 94
Brassolaeliocattleya 93

C
Cambria 41 ff.
    Sorten 52 ff.
Cattleya 81 ff.
    einblättrige 83
    zweiblättrige 83

Cochlioda 41
Cymbidium 69 ff.

D
Dendrobium 97 ff.
  -Nobile-Hybriden 99
  -Phalaenopsis-Hybriden 99
Doritaenopsis 36
Dränage 10
Düngen 15
    Cambria 42
    Cattleya 82
    Cymbidium 70
    Dendrobium 98
    Frauenschuhe 114
    Miltoniopsis 58
    Phalaenopsis 26

E
Encyclia 81, 94, 95
Epicattleya 94
Epidendrum 81, 95
Epiphyten 22
Euanthe 129

F
Fäulnis 116
Flüssigdünger 15
Frauenschuhe 113 ff.

G
Gießen 14
    Cambria 42
    Cattleya 82
    Cymbidium 70
    Dendrobium 98
    Frauenschuhe 114
    Miltoniopsis 58
    Phalaenopsis 26
    Vanda 130
Gießkanne 8
Glasvase, Vanda 131
Glossar 136

H
Hydrokultur 13

K
Kahnlippe 69 ff.
Kalkflecken, Phalaenopsis 31
Keiki 107
Kindel, Dendrobium 106
Knospenfall, Cattleya 84

L
Laelia 81
Laeliocattleya 92, 93
Leitertriebe, Miltoniopsis 60
Lithophyten 22

M
Malaienblume 25 ff.
Miltassia 66
Miltonie 57 ff.
Miltoniopsis 57 ff.
Monopodialer Wuchs 22
Mosaikvirus 72

N
Neutriebe, Cattleya 82

O
Odontioda 41
Odontoglossum 41, 52
Oncidium 41, 54, 55

P
Paphiopedilum 113 ff.
Papilionanthe 129
Pflege 7 ff.
    Cambria 42
    Cattleya 82
    Cymbidium 70
    Dendrobium 98
    Frauenschuhe 114
    Miltoniopsis 58
    Phalaenopsis 26

Pflege, Vanda 130
Phalaenopsis 25 ff.
Phragmipedium 113 ff.
Pilzkrankheiten
    Cambria 44
    Phalaenopsis 30
Pinienrinde 12
Probleme
    Cambria 44
    Cattleya 84
    Cymbidium 72
    Dendrobium 100
    Frauenschuhe 116
    Phalaenopsis 28
    Vanda 131
Prostechea 94, 95

R
Renancentrum 134
Renanthanda 135
Renanthera 129
Rhyncholaelia 81
Rhynchostele 53
Rhynchostylis 129
Rossioglossum 41, 53
Rückbulben
    Cambria 50
    Cymbidium 77

S
Schädlingskontrolle
    Cambria 42
    Miltoniopsis 59
    Phalaenopsis 27
Schildläuse
    Cambria 45
    Cattleya 85
    Dendrobium 100
    Miltoniopsis 61
Schmetterlingsorchidee 25 ff.
Schnecken
    Cambria 45
    Phalaenopsis 30

Schwarze Triebe, Cattleya 85
Schwarzfäule, Frauenschuhe 117
Sonnenbrand
    Miltoniopsis 61
    Phalaenopsis 28
Sophrolaeliocattleya 92
Sophronitis 81
Sorten
    Cattleya 92 ff.
    Cymbidium 78 f.
    Dendrobium 108 f., 110 f.
    Miltoniopsis 64
    Paphiopedilum 124 f.
    Phalaenopsis 36 ff.
    Phragmipedium 126 f.
    Vanda 134 f.
Sphagnum-Moos 12
Spinnmilben, Cymbidium 72
Spritzwasser 19
Sprühen 18
    Frauenschuhe 114
    Vanda 130
Sprühkanne 8
Stecklingsschere 9
Stiefmütterchenorchidee 57 ff.
Substrat 12
Sympodialer Wuchs 22, 23

T
Tauchen 14, 16
    Cymbidium 70
    Dendrobium 98
    Vanda 130
Teilen
    Cambria 46
    Cattleya 90
    Cymbidium 76
    Dendrobium 104
    Frauenschuhe 118
    Phalaenopsis 34
    Vanda 132
Terrestrische Orchideen 22
Tongranulat 13

Töpfe 10
Tontöpfe 11
Torf 12
Trockenschäden, Miltoniopsis 61
Tropfen, klebrige 73

U
Überdüngung, Phalaenopsis 31
Übertragung, Krankheiten 9
Umtopfen
    Cambria 46
    Cattleya 86
    Cymbidium 74
    Dendrobium 102, 104
    Frauenschuhe 118
    Miltoniopsis 62
    Phalaenopsis 32

V
Vanda 129 ff.
Velamen 23
Venusschuhe 113 ff.
Viruskrankheiten, Cymbidium 72
Vuylstekeara 41, 52

W
Wasser 14
Wilsonara 41
Wollläuse
    Cambria 45
    Cattleya 85
    Dendrobium 100
    Miltoniopsis 61
Wuchsformen 22
Wurzeln 23
Wurzelschäden
    Frauenschuhe 116
    Phalaenopsis 30

Z
Ziehharmonikablätter, Cambria 43
    Miltoniopsis 58, 60
Zygopetalum 67

Sucherfolg statt Suchmaschine

Joachim Mayer
Küchenkräuter
128 Seiten, 200 Abbildungen, €/D 14,99
ISBN 978-3-440-13156-5

In diesem Buch finden Sie die Basics zur Kräuterpflege auf der Fensterbank und Balkon, Terrasse und Küchengarten zu allen wichtigen Themen wie Gießen, Düngen und Umtopfen. Gesucht – gefunden: die 99 besten Antworten auf die wichtigsten Fragen.

Tanja Ratsch
Kübelpflanzen
128 Seiten, 200 Abbildungen, €/D 14,99
ISBN 978-3-440-13157-2

Gesucht – gefunden: die 99 schnellsten Antworten auf Fragen rund um die erfolgreiche Pflege Ihrer Kübelpflanzen. Spezielle Pflegehinweise, Tipps zu Krankheiten und Schädlingen machen dieses Buch unverzichtbar für jeden Hobby-Gärtner.

kosmos.de/garten

Pflanzen, ernten, naschen

Axel Mitchell
Mein Küchenbalkon
160 Seiten, 200 Abbildungen, €/D 19,99
ISBN 978-3-440-13088-9

Auch wer nur wenig Platz und keinen Garten hat, braucht auf eigenes Gemüse, Obst und Kräuter nicht zu verzichten. Dieses Buch zeigt eine Fülle von kreativen und ungewöhnlichen Ideen mit praktischen Pflanztipps – auch für Dachterrassen und Kübelgärten.

Barbara Krasemann
Geschenke aus meinem Garten
144 Seiten, 120 Abbildungen, €/D 14,99
ISBN 978-3-440-13123-7

Am Schönsten ist es selbstgemacht – das gilt besonders für originelle Geschenke und Mitbringsel. Dieses Buch zeigt einzigartige Ideen, wie sich Pflanzen in essbare Köstlichkeiten, fantasievolle Dekorationen und verführerische Wellness-Produkte verwandeln lassen.

IMPRESSUM

mit 272 Fotos von gartenfoto.eu/Martin Staffler, Stuttgart (187) sowie Gartenschatz/Dr. Folko Kullmann (65): 36/37 alle 6, 38 alle 3, 39 Mi, 39 re, 52 alle 3, 53 Mi, 53 re, 54 Mi, 55 li, 65 Mi, 67 re, 78/79 alle 6, 92/93 alle 6, 94/95 alle 6, 108 li, 108 Mi, 109 li, 109 re, 110 Mi, 110 re, 111 alle 3, 124/125 alle 6, 126/127 alle 6, 134/135 alle 6
Flora Press/Biosphoto (1): 66 re
Flora Press/Botanical Images (6): 39 li, 64 alle 3, 65 re, 110 li
Flora Press/GAP (8): 53 li, 55 re, 65 li, 66 li, 67 li, 67 Mi, 108 Mi, 109 Mi
Flora Press/Visions (5): 15 re, 54 li, 54 re, 55 Mi, 66 Mi

Umschlaggestaltung von Gramisci Editorialdesign, München unter Verwendung von zwei Fotos von gartenfoto.eu/Martin Staffler

mit 272 Fotos

Alle Angaben in diesem Buch sind sorgfältig geprüft und geben den neuesten Wissensstand bei der Veröffentlichung wieder. Da sich das Wissen aber laufend in rascher Folge weiterentwickelt und vergrößert, muss jeder Anwender prüfen, ob die Angaben nicht durch neuere Erkenntnisse überholt sind. Dazu muss er zum Beispiel Beipackzettel zu Dünge-, Pflanzenschutz- bzw. Pflanzenpflegemitteln lesen und genau befolgen sowie Gebrauchsanweisungen und Gesetze beachten.

Unser gesamtes lieferbares Programm und viele weitere Informationen zu unseren Büchern, Spielen, Experimentierkästen, DVDs, Autoren und Aktivitäten finden Sie unter kosmos.de

Gedruckt auf chlorfrei gebleichtem Papier

© 2012, Franckh-Kosmos Verlags-GmbH & Co. KG, Stuttgart.
Alle Rechte vorbehalten
ISBN 978-3-440-13155-8
Projektleitung:
Kullmann & Partner GbR, Stuttgart
Konzeptionelle Entwicklung:
Kullmann & Partner GbR, Marc Strittmatter
Redaktion: Bärbel Oftring
Bildredaktion Dr. Folko Kullmann
Gestaltungskonzept:
Gramisci Editorialdesign, München
Gestaltung und Satz: Kristijan Matic/
Kullmann & Partner GbR, Stuttgart
Produktion: Jürgen Bischoff
Printed in Slovakia / Imprimé en Slovaquie

DIE AKTEURE

DER AUTOR

Dr. Folko Kullmann hat in Weihenstephan Gartenbauwissenschaften studiert und an der Technischen Universität München promoviert. Nach einem Volontariat im Gartenlektorat des Kosmos Verlags in Stuttgart hat er sich selbstständig gemacht und ist mit seinem Partner Inhaber eines auf Gartenthemen spezialisierten Redaktionsbüros in Stuttgart.

DER FOTOGRAF

Martin Staffler hat an der Fachhochschule Osnabrück Landschaftsarchitektur studiert und anschließend ein Volontariat in der Redaktion von MEIN SCHÖNER GARTEN absolviert. Seitdem arbeitet er selbstständig als Garten- und Pflanzenfotograf sowie als Gartenjournalist. Martin Staffler hat die Step-Fotos für diesen Ratgeber fotografiert. Er lebt mit seiner Familie in Stuttgart.